Andrea M. Rohde

TEXTEN FÜR DEIN ONLINE BUSINESS

Marketing Texte schreiben lernen

Ein Grundlagenbuch Text/Verkauf für alle Selbstständigen, die ihr Content Marketing und das treffsichere Formulieren von Texten selbst in die Hand nehmen möchten.

Auflage 1

Autorin: Andrea M. Rohde
Singener Str. 10, 78267 Aach im Hegau
Web: www.text-e-motion.de
E-Mail: andrea@text-e-motion.de

Umschlag, Illustration: Sabine M. Paul
Lektorat: Natalie Dechant
Korrektorat: Patricia Waldvogel
Verlag & Druck: Amazon
ISBN: 9798351701813

Verbreitung und öffentliche Zugänglichmachung.
Bibliografische Information der Deutschen Nationalbibliothek:
Die Deutsche Nationalbibliothek verzeichnet diese Publikation in der Deutschen Nationalbibliografie; detaillierte bibliografische Daten sind im Internet über http://dnb.d-nb.de abrufbar.

Über die Autorin

Mein Name ist Andrea Michaele Rohde. Ich bin Schreib- und Autorencoach, Werbetexterin und Ghostwriterin.

Mein Motto

„Texte sind meine Leidenschaft,
26 Buchstaben mein Werkzeug,
Humor meine Aktion,
Begeisterung zu vermitteln, mein Talent.“,

steht für meine Art zu schreiben und zu leben.

Ich bin der Meinung, jeder kann mit der richtigen Anleitung ansprechenden Content erstellen, der Kunden magisch anzieht.

Damit du über eine solche Anleitung verfügst, habe ich dieses Büchlein geschrieben. Wenn dann dein Content nicht nur mit dem Kopf, sondern vor allem mit dem Herzen geschrieben wird, bist du auf einem guten Weg mit deinem Business.

Marketing, Verkauf und Texten bilden seit mehr als 20 Jahren meinen beruflichen Mittelpunkt.

Meine Texterinnen Karriere setzte ich vor einigen Jahren als Verkaufs- und Werbetexterin fort. Mein Anliegen ist, gut konvertierende Texte zu schaffen, die verkaufen, ohne aufdringlich zu wirken. Ich habe in mehr als 70 Projekten zahlreiche Websites, Sales und Landing Pages, E-Mail-Serien sowie zahlreiche Blogartikel und redaktionelle Beiträge für meine Kunden erstellt. Mittlerweile zeige ich als Schreibcoach meinen Kunden, wie sie ihre Online-Texte zielgerichteter und erfolgreicher machen können.

Nachdem ich meinen 1. Ratgeber (ein Kochbuch, das sich mehr als 55.000mal verkauft hat) verfasst hatte, war für mich glasklar: Ich will Bücher schreiben. Für mich. Für Experten. So wurde ich Ghostwriterin, Autorin und Co-Autorin von mittlerweile mehr als 20 Expertenbüchern und Ratgebern. Darunter 2 Amazon-Bestsellern.

In Zukunft möchte ich mich auf Autoren- und Schreibcoaching und auf das Schreiben meiner eigenen Bücher konzentrieren.

Ich wohne mit meinem Lebensgefährten in Deutschlands kleinstem Städtchen, in Aach im Hegau, in der Nähe vom Bodensee. Unser Parson-Russell-Terrier Niro vervollständigt unser Kleeblatt. Auch Islandpferde spielen eine besondere Rolle in meinem Leben und ich liebe es, mit den zottigen Gesellen im Tölt durch die Wälder zu tackern.

Gender-Hinweis:

Liebe Lesende,

aus Gründen der besseren Lesbarkeit wird bei Personenbezeichnungen und personenbezogenen Hauptwörtern in diesem Buch die männliche Form verwendet. Entsprechende Begriffe gelten im Sinne der Gleichbehandlung für alle Geschlechter und stellen ausdrücklich keine Wertung dar. Die verkürzte Sprachform unterstützt einen besseren Lesefluss und beinhaltet keine Wertung.

Dieses Büchlein spricht Selbstständige an, die ihr Unternehmen online voranbringen wollen. Da im Netz meist geduzt wird, habe ich diese Form der Ansprache gewählt.

Bonus-Bereich:

Am Schluss dieses Buches erwartet dich ein Bonusbereich mit hilfreichen Tipps und Usability Checkliste.

Du kannst den Bonus auch über diesen Link online anfordern:
www.andrea-m-rohde-autorin.com/bonus

Inhaltsverzeichnis

Einleitung

Neulich ... eines Sonntags ... ich hatte es mir gerade mit einer kuscheligen Decke und einer heißen Tasse Tee auf meiner Ledercouch bequem gemacht, um einen spannenden Roman weiterzulesen ... klingelte das Telefon. Sabine war dran. Eine Bekannte, die sich gerade mit einem Online-Start-up im Bereich Gesundheit selbstständig gemacht hatte. „Hey Andrea", platzte es aus ihr heraus, „ich verbringe schon das ganze Wochenende mit meinen Marketing-Texten statt mit meinem Freund am See! Und ich krieg's einfach nicht hin! Wie schreibt man so was? Mir fällt nix ein! Du als Schreibcoach kannst mir doch sicher helfen! Wie schreibe ich gute Texte? Am besten noch solche, die mir Kunden bringen?"

Sabine ist kein Einzelfall, sagen die eingehenden Anfragen zum Schreibcoaching. Eigentlich alle Gründer und Selbstständige sind damit überfordert, plötzlich Marketing-Texte schreiben zu müssen. Hat man dir das beigebracht? Vermutlich nicht.

Egal, in welchem Bereich du selbstständig bist, Texte spielen eine zentrale Rolle in deinem Businessalltag. Deine Unternehmenstexte sind das Gesicht, das dich und deine Firma nach außen hin repräsentiert. Ihnen solltest du daher besondere Aufmerksamkeit widmen.

Insbesondere im Internet, wo du fast ausschließlich schriftlich kommunizierst, ohne ein reales Gegenüber zu haben, ist das für viele Selbstständige eine besondere Herausforderung.

Um dich und deine Produkte oder Dienstleistungen zu vermarkten, brauchst du Texte, die nur einen Weg zum Ziel anpeilen:

⇨ **Den Leser ansprechen**

⇨ **Vertrauen schaffen**

⇨ **Kunden generieren**

Folglich sind alle deine Texte auch Marketing- und Verkaufstexte.

Ob du Angebote schreibst, Beiträge für LinkedIn, Facebook & Co. verfasst, einen Blogartikel formulierst, ob es sich um deine Website handelt oder du einen Newsletter versenden möchtest – in jedem Unternehmen gibt es viele unterschiedliche Bereiche, in denen Schreibkünste gefragt sind.

Als Gründer oder Kleinunternehmer bist du auf dich allein gestellt und besonders am Anfang fehlt es an Personal oder Budget, um solche Tätigkeiten auszulagern. Schnell kommt der Gedanke auf: „Schreiben, das kann doch jeder. Und in der Schule war ich in Deutsch ja auch ziemlich gut".

Ich wette, Marketing-Texte treffend zu formulieren, hast du aber dort nicht gelernt? Deine Marketing-Texte sind aber der Content, der verkaufen soll. Das ist Thema dieses Büchleins.

Content zu schaffen, ist einer der besten organischen Wege zur Selbstvermarktung. Aber es nützt dir nichts, wenn du Texte am laufenden Band kreierst, diese aber niemand liest, weil du die Grundlagen zu wenig beachtet hast. Das endet in Frustration.

NUR TEXTE, DIE GELESEN WERDEN,

KÖNNEN AUCH VERTRAUEN SCHAFFEN.

NUR TEXTE, DIE VERTRAUEN SCHAFFEN,

BEGEISTERN LESER.

UND NUR BEGEISTERTE LESER

WERDEN ZU KUNDEN.

Wie schaffst du es, dass deine Texte gelesen werden?

Dazu zeige ich dir in diesem Büchlein einige Tipps & Tricks.

Damit deine Texte zukünftig aus Lesern Kunden machen!

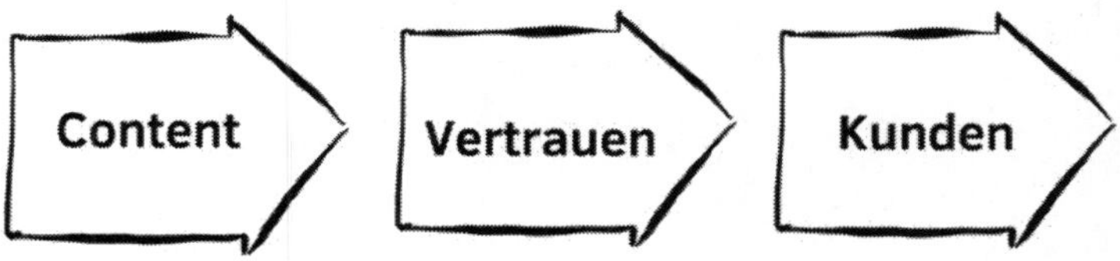

Teil I: Wer mit System und Plan textet, erleichtert sich die Arbeit

Schreiben ist Handwerk, Texten ist Kunst

SCHREIBEN IST EIN HANDWERK. DAS MUSS MAN BEHERRSCHEN.

TEXTEN IST EINE KUNST.

DIE KUNST, SICH IN DIE LAGE DER ANGESPROCHENEN PERSONEN HINEINZUVERSETZEN, IHRE ÄNGSTE, BEDÜRFNISSE UND WÜNSCHE ZU ERKENNEN, INDEM MAN EMOTIONEN WECKT.

Mein Ratgeber ist geeignet für Selbstständige, die ihr Content Marketing und das Schreiben von Texten selbst in die Hand nehmen möchten.

Seite für Seite wirst du viel Handwerk lernen, aber auch ein wenig Kunst. Sofern das im Rahmen dieses kleinen Büchleins möglich ist.

In diesem Buch „Texten für Dein Online Business – Marketing Texte schreiben lernen" lernst du, wie du es schaffst, erfolgreich Texte zu verfassen, sodass sich deine Leser magisch angezogen fühlen und zu deinen Kunden werden.

Du wirst im Laufe der einzelnen Kapitel zahlreiche Empfehlungen zu Dos and Don`ts von mir erhalten, die ich jeweilig mit Textbeispielen untermauere.

Wenn du dieses Buch gelesen hast,

- besitzt du alle notwendigen Skills, um treffsichere Texte, die verkaufen, formulieren zu können,
- weißt du, wie Internettexte im Unterschied zu einem Buch gelesen werden,
- hast du gelernt, was einen guten Verkaufstext ausmacht,
- weißt du, wie du nachhaltig beim Leser in Erinnerung bleibst und
- kannst du mit deinen Texten angenehme Verkaufsgespräche führen, ohne ein reales Gegenüber zu haben.

Danach kannst du **zielgerichtete** Kundengewinnung betreiben.

ZIELGERICHTETE KUNDEN-GEWINNUNG:

WIE SIEHT DAS BEI DIR AUS?

Für welche Einsatzbereiche kannst du dieses Büchlein nutzen?

Meine Tipps und Erläuterungen gelten für alle Arten von Online-Business-Texten, mit denen du ein gewisses Ziel verfolgst.

Das sind zum Beispiel:

- Social-Media-Beiträge und Artikel
- Verkaufstexte wie Angebote, Landing Pages
- Werbung aller Art
- Werbespots (Online Videos)
- Werbeanzeigen (z. B. Google oder Facebook Ads)
- E-Mail-Marketing
- Informativer Content (Blogartikel, Newsletter).

Warum fällt Texten so schwer?

Und warum fällt es vielen Menschen leichter, zu sprechen als zu texten? Der Grund liegt in unserem Gegenüber.

Persönliches Gespräch

In einem persönlichen Gespräch auf beruflicher Ebene möchten wir unser Gegenüber in der Regel von etwas überzeugen. Das kann ein Produkt sein, das wir verkaufen wollen. Das können aber auch wir selbst sein, wenn wir unsere Persönlichkeit in einem besonderen Licht darstellen möchten, z. B. bei einer Bewerbung. Wir nutzen dazu Wörter, Mimik und Gestik. Unser primäres Ziel ist, dass das Gegenüber uns versteht.

Manche Menschen reden ewig um den Brei herum und man möchte sie am liebsten anschubsen, damit sie endlich zum Punkt kommen. Ich hatte mal einen Kollegen, der die Angewohnheit besaß, Sätze anzufangen und nach der Hälfte abzubrechen, um einen neuen Satz mit einem neuen Gedankengang zu beginnen. Wie oft habe ich mich hinterher gefragt, was er denn jetzt eigentlich aussagen wollte. Anderen wiederum musst du alles aus der Nase ziehen. Wird eine Meinung oder Aussage so undeutlich und unverständlich transportiert, gilt der Dialog als schwerfällig oder verwässert.

In einem persönlichen Gespräch würden wir zu solch einer Kommunikation unmittelbare Rückmeldung unseres Gegenübers durch Fragen, Mimik oder Gestik erhalten. Ein fragender Gesichtsausdruck zum Beispiel spornt uns an, es im nächsten Satz besser zu erklären.

Hinzu kommt, dass wir uns an das gesprochene Wort im Allgemeinen nicht so lange erinnern können. Es wirkt dadurch unverbindlicher.

Schriftliches Gespräch = Texte

Wieso scheint ein Gespräch in Form eines Textes plötzlich viel komplexer und unverständlicher zu sein? Du kennst sicher auch den gut gemeinten Ratschlag, wenn du mit einer Person etwas Wichtiges vereinbart hast, sich „das unbedingt schriftlich geben" zu lassen. Wenn etwas „schwarz auf weiß" geschrieben steht, dann ist es dokumentiert. Geschriebene Buchstaben wirken viel verbindlicher, bindender und weniger vergänglich als gesprochene Worte. Auch im Internet – das vergisst angeblich schon gar nichts.

Aus diesem Grund möchten wir uns schriftlich so exakt wie möglich ausdrücken. Und das führt viele Menschen mitten hinein in schwerfällige Aussagen, Schachtel- und Relativsätze, Passivkonstruktionen und zu unzumutbaren, langen Sätzen.

Perfektion verhindert Texten

„Mein Text muss perfekt sein!" Damit setzen sich viele Menschen schon unter Druck, noch bevor sie den 1. Buchstaben zu Papier oder auf den Bildschirm gebracht haben. Der Wunsch, von Anfang an den perfekten Text zu schreiben, und das auch noch in kürzester Zeit, wird dich mit hoher Wahrscheinlichkeit in eine sog. Schreibblockade führen. Der kreative Schaffens-Prozess des Textens wird durch deine zu hohe Erwartungshaltung verhindert. Dein weißes Blatt oder dein Bildschirm bleibt leer.

Schalte deine Erwartungshaltung und deine Perfektion zu Beginn des Textens aus.

Schreibe den ersten Textentwurf einfach herunter. Korrigiere nichts, auch keine Schreibfehler. Das kannst du später gern machen. Fehler rennen nicht einfach weg – versprochen! Wenn du nämlich im kreativen Schreibprozess drin bist, wirst du merken, dass du in eine Art Schreibflow kommst. Insbesondere deine rechte Gehirnhälfte wird aktiviert und dir fallen immer wieder neue Punkte, Formulierungen und Sätze ein. Dieser Schaffensprozess darf nicht unterbrochen werden. Dann bist du schnell mit dem Entwurf fertig.

Danach darfst Du deinen Perfektionismus voll ausleben: In der Bearbeitungsphase, wenn der Text redigiert bzw. überarbeitet wird, ist der sogar sehr erwünscht. Hier wird übrigens deine linke Gehirnhälfte angesprochen.

Das ist auch der Grund, warum es so wichtig ist, kreative Phase und Bearbeitungsphase deutlich voneinander zu trennen. Es werden dabei verschiedene Gehirnhälften angesprochen. Mischst du die Phasen, müsste dein Gehirn von einer Hälfte zur anderen switchen. Das ist zwar möglich, hat aber zur Folge, dass beide Gehirnhälften nicht auf Hochtouren arbeiten. Eine Folge davon könnte die gefürchtete Schreibblockade sein.

Glaubenssätze verhindern Texten

Viele Menschen unterliegen dem Irrglauben, dass fachliche Texte kompliziert sein müssen, weil es ihnen sonst an Tiefe fehlt. Das mag vielleicht für wissenschaftliches Schreiben einer Doktorarbeit gelten. Im Internet darf es nicht nur, es muss sogar einfach gehen, wenn deine Texte beim täglichen Informations-Tsunami nicht sang- und klanglos untergehen sollen.

Schreibe also einfach und anschaulich. Das kann jeder Mensch. Zumindest mit ein bisschen Training.

Versuche mal folgende Übung:

Erkläre dein Business einem 8-jährigen Kind in einem Satz. So, dass es versteht, was du machst.

Gar nicht so einfach, oder?

"WENN DU ETWAS NICHT EINFACH ERKLÄREN KANNST, VERSTEHST DU ES NICHT GENUG."

(ALBERT EINSTEIN).

Aspekte des Schreibens in diesem Büchlein

Als Selbstständige und Unternehmer schreiben wir nicht, weil es uns Freude macht, sondern wir verfolgen mit unseren Texten ein ganz bestimmtes Ziel. Wir wollen, dass andere Menschen auf uns aufmerksam werden. Möglichst viele andere Menschen. Wir wollen, dass andere Menschen bei uns kaufen. Ebenso möglichst viele. Als Selbstständige und Unternehmer wollen und müssen wir Umsatz machen. Dabei möchten wir unsere Leser begeistern und überzeugen. Und wir wollen mit unseren Vorteilen glänzen. Dafür müssen wir mit unseren Lesern präzise kommunizieren.

Aber woher weißt du, wie du einen Interessenten ansprechen musst? Woher weißt du, was du schreiben sollst und wann du es schreiben sollst?

Auf dieser Grundlage beleuchte ich in diesem Büchlein mehrere Aspekte:

In Teil 1 geht es um **die Struktur und Planung von Texten**.

In Teil 2 und 3 befassen wir uns auf der einen Seite mit **verkaufspsychologischen Aspekten des Schreibens** und auf der anderen Seite mit den **rein stilistischen Aspekten des Schreibens**.

Diese beiden Seiten müssen sich, insbesondere bei Online-Texten, ungefähr die Waage halten, damit ein ansprechender Text daraus werden kann, der gerne gelesen wird.

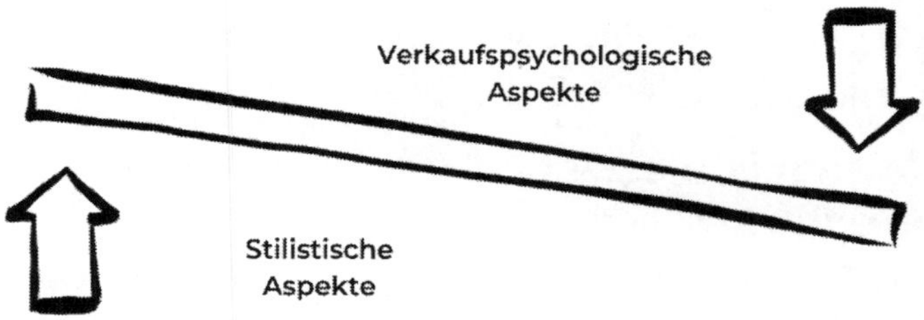

Es gibt natürlich noch etliche weitere Aspekte, wie Suchmaschinenoptimierung (SEO) zum Beispiel, welche ich hier komplett außer Acht gelassen habe. Ich wollte mich in diesem Buch auf die Grundlagen des Textens im Internet fokussieren. Wenn du diese Grundlagen beherrschst, empfehle ich dir allerdings, sich bald mit dem Thema SEO zu beschäftigen.

Ich nehme mal an, dass du dich mit dem Thema Texten vor deiner Selbstständigkeit noch nie wirklich beschäftigt hast?

Ja, sicher hattest du Deutsch in der Schule. Und du hast mehr oder weniger erfolgreich Aufsätze geschrieben. Vergiss das! Die Texte, die du für dein Online-Marketing brauchst, folgen ganz anderen Richtlinien.

Wenn dir dieses Hintergrundwissen fehlt, ist die Textarbeit schwer und mühsam. Kennst du dagegen die Grundlagen und Tricks, textest du viel schneller und besser.

Texten ist zunächst einmal Handwerkszeug! Es folgt einer klaren Methodik und logischen Abläufen. Mit Technik und System kannst du deine Textarbeit um ein Vielfaches beschleunigen. Wenn du mit meinem System vorgehst, hast du für Texte aller Art klare Muster und kannst in kurzer Zeit verständlich und gelungen texten.

„Ich muss unbedingt heute einen Beitrag verfassen, weil ich schon lange keinen mehr geschrieben habe.“ Obwohl auch mir das heute noch manchmal passiert, ist das kein guter Plan. Noch bevor du das allererste Wort schreibst, solltest du klar herausgearbeitet haben, warum du den Text schreibst und worum es in dem Text geht. Beginnst du das Texten stets mit einem klaren Plan oder Schema, wird es dir von Beginn an gelingen und jede Menge

Zeit und Nerven sparen. Wer dagegen planlos darauf losschreibt, kommt selten ans Ziel.

Der erste Schritt zum guten Text: gedankliche Vorarbeit

Stell dir vor, du möchtest ein Business-Essen ausrichten. Eingeladen sind Menschen, die du gern als Kunden oder Kooperationspartner gewinnen möchtest. Mit dem Essen möchtest du Vertrauen wecken und man soll dich kennenlernen.

Was machst du als Erstes? Du wirst dich zunächst hinsetzen und brainstormen. Daraus entsteht ein Plan. Dieser Plan ist die Basis für einen gelungenen Abend und dein Ziel. Du machst dir vorher Gedanken, was du anbieten möchtest, überlegst, was die Leute mögen und womit du punkten kannst, damit der Abend in bester Erinnerung bleibt.

Ähnlich gehst du beim Texten vor. Auch bei Profitextern ist diese Vorarbeit der größte Teil ihrer Arbeit, nicht das Schreiben selbst. Das Formulieren an sich macht nur 10 bis 20 % der Arbeit aus.

Der größte Fehler ist, anzunehmen, dass ein einmalig hingeschriebener Text fertig ist. Nein, ist er nicht. Leider wirken häufig Texte im WWW auf mich, als wären es Rohtexte. Schnell dahingeklatscht, wenig ausgearbeitet. Leider kann dies falsche Schlüsse auf deine allgemeine Arbeitsweise zur Folge haben.

Ich empfehle dir, dir die Zeit zu nehmen und ziemlich detailliert das Fundament auszuarbeiten, auf dem du Deinen Text aufbauen möchtest.

Mit den folgenden 7 Fragen kannst du deinen Text optimal vorbereiten:

7 Fragen als optimale Vorbereitung für einen zielgerichteten Text:

1. **Was für einen Text möchte ich überhaupt schreiben?**

Einen Blogartikel, einen Social Media Post oder eine Landingpage? Alle muss ich unter verschiedenen Aspekten angehen. Blogartikel sind mehr Info und Wissensvermittlung, Landing Pages sind reine Verkaufsseiten. Das muss bei der Formulierung berücksichtigt werden.

2. **Was ist das Thema meines Textes?**

Möchte ich informieren, etwas verkaufen, mein Wissen teilen oder einfach nur unterhalten?

3. Um welches Produkt oder welche Dienstleistung handelt es sich?

Es empfiehlt sich, immer nur ein Produkt oder eine Dienstleistung zum Thema eines Textes zu machen. Sonst wird der Leser verwirrt.

4. Wie lautet die Kernaussage zu meinem Text?

Fasse die Kernaussage in einem Satz zusammen und halte dich daran.

5. An wen schreibe ich?

Wer ist meine Zielgruppe? Schreibe nur für diese. Wer für alle schreibt, spricht niemanden an.

6. Mit welchem Ziel schreibe ich?

Soll der Leser etwas kaufen oder sich in eine Liste eintragen oder soll er ein Gespräch buchen?

Was soll der Text auslösen (= Reaktion?)

Soll der Leser auf einen Button klicken oder auf einen Link, von wo aus er weitergeleitet wird? Oder soll der Leser Tipps von dir umsetzen?

Mit diesen 7 Antworten hast du dir ganz leicht ein stichpunktartiges Textkonzept erstellt, auf dessen Basis du deinen Text jetzt formulieren kannst.

Diese gedankliche Vorarbeit zieht einen weiteren Vorteil mit sich. Da jetzt einige Notizen auf deinem Papier oder deinem Bildschirm stehen, hast du der gefürchteten Leeres-Blatt-Schreibblockade ein Schnippchen geschlagen.

Einfache Textstruktur: WDD-Technik

Du hast dir mithilfe der 7 Fragen ein stichpunktartiges Textkonzept aufgebaut.

Bevor du jetzt beginnst, die Inhalte dazu flott vor dich hinzuschreiben, sollte ich Dir noch die Frage beantworten:

„Wie baue ich einen Artikel, einen Social-Media-Post, einen Newsletter strukturell auf?"

Wenn deine Textbeiträge ein bestimmtes Ziel verfolgen sollen, dann müssen sie einer bestimmten logischen Struktur folgen.

Eine solche, simpel anwendbare und sehr effektive Struktur ist die WDD-Technik.

Diese Struktur kannst du sowohl für kurze Texte wie Social-Media-Beiträge, aber auch für

Blogbeiträge, Artikel, Landingpages, Sales Pages usw. verwenden.

WDD STEHT FÜR: WENN – DANN – DESHALB

Wie funktioniert die WDD-Technik?

Beginne den ersten Absatz, als Einleitung, mit dem

→ **WENN**

Beschreibe die Situation am besten bildhaft.

Wenn du dich in dieser Situation befindest

Wenn du jene Situation erreichen willst....

Du kannst den Einstieg in dein Thema über einen Mangel (jetziger Problem-Zustand) oder über eine Idealsituation (zukünftiger Wunsch-Zustand) wählen.

Mit dem Mangel triffst du den Schmerz deines Lesers, mit der Idealsituation seine Wünsche und sein Verlangen.

Ich persönlich arbeite nicht so gern aus dem Mangel heraus, deshalb wähle ich am liebsten die Kombination aus beiden, wobei ich die positive Zukunft (= Lösung) anhänge und mehr heraushebe.

Mit folgender ***Text-Formel*** wird deutlich, was ich meine:

Wenn Sie sich in dieser Situation befinden [Schmerz], jedoch jene Situation erreichen wollen [Wunsch] dann ... [Lösung].

Beispiel:

Wenn Sie täglich unter Kopfschmerzen leiden [Schmerz], jedoch ihre Lebensqualität steigern wollen [Wunsch], dann sollten Sie mein(e) [...] tun/kaufen/lesen/besuchen [Lösung].

Indem du die Ist-Situation deines Lesers schilderst, holst du ihn ab und bietest ihm deine Hand an. Wenn er sie dir reicht, kannst du ihn weiterführen.

Male ruhig bildhaft aus, in welcher Situation der Leser nicht auf dein Angebot verzichten kann. Trage aber nicht zu dick auf, sonst wirkst du unglaubwürdig.

Nach dem WENN gehst du über zur Nutzenargumentation:

DANN

Es folgen nun mehrere Absätze, in denen du den Nutzen deines Angebotes ausführlich darlegen solltest.

Liefere wirklich gute und stichhaltige Argumente, was dein Produkt für den Leser tun kann. Ihn interessiert nämlich auch nichts anderes. Zeige genau auf, welche Vorteile dein Angebot bietet. Beschreibe konkret, wie das Leben deines Lesers schöner, einfacher, erfolgreicher wird, wenn er dein Angebot gekauft hat. Das ist der Nutzen.

Ich empfehle dir, dich hier strikt an die bewährte Produkt-Argumentationskette zu halten:

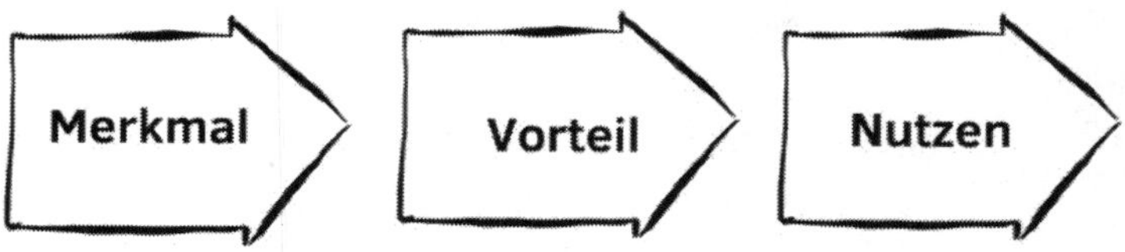

So präsentierst du deine Produkte und Dienstleistungen optimal angepasst an die Interessen deines Kunden. Bei dieser Vorgehensweise wird die Argumentation ausgehend vom Hauptinteresse des Kunden gestaltet.

Beispiel Saugroboter:

Merkmal des Produkts:	Ein Saugroboter saugt deine Wohnung ganz allein.
Vorteil des Produkts:	Du musst nicht selbst staubsaugen und trotzdem ist die Wohnung immer sauber.
Dein Nutzen:	a. Du **fühlst dich erleichtert**, denn du hast endlich kein schlechtes Gewissen mehr, wenn du mal

nicht zum Saugen gekommen bist oder keine Lust hattest.

b. Du hast täglich eine halbe Stunde mehr **Freizeit** für deine Lieblingshobbys **gewonnen**.

Beispiel Sockenhalter:

Merkmal des Produkts:	Hält die Socken in der Waschmaschine zusammen
Vorteil des Produkts:	Einzelne Socken verschwinden nicht auf wundersame Art und Weise.
Dein Nutzen:	Du bist froh, weil DU nach dem Waschen nie mehr nur 1 Socken übrighast; Toll, dass Du Deine Lieblingssocken länger hast; Du schonst die Umwelt, da du weniger Socken nachkaufen musst.

Deine Argumentation hast du jetzt in mehreren Absätzen logisch aufgebaut und vollständig abgeschlossen. Liest dein Kunde jetzt immer noch mit, kannst du sicher davon ausgehen, dass er deine Argumentation verstanden hat und dir folgt. Deshalb ist jetzt genau der richtige Zeitpunkt, ihm zu sagen: „Jetzt kaufe!“

Jetzt gehst du über zum Schluss-Absatz:

→ DESHALB

Jetzt folgt die konkrete Handlungsaufforderung. Sag deinem Leser hier genau, was er tun soll.

Diese Handlungsaufforderung nennt man im Marketing kurz CTA (Call to Action). Diesen CTA darfst du unter keinem deiner Beiträge vergessen! Wenn du deinem Kunden nicht genau sagst, was er tun soll, tut er einfach nichts. Im schlimmsten Fall wendet er sich dem Text deines Mitbewerbers zu. Doch Vorsicht bei der Wortwahl! Ein harscher Befehlston wie „Jetzt bestellen!“ ruft bei vielen Menschen inneren Widerstand hervor und hat mich so manchen CTA nicht klicken lassen. Dagegen wirkt eine freundliche Handlungsempfehlung, die fast wie eine Einladung klingt, wie zum Beispiel „Hier zu unseren Produkten gelangen“ oder „Hier unseren Newsletter abonnieren", auf deine Leser viel ansprechender.

Wenn du bereits fortgeschrittener im Texten bist, kannst du die Technik erweitern in die WDD+ Technik:

Füge dazu ein **WEIL** vor dem Schluss-Absatz ein:

Hier bringst du Beweise für deine in der Nutzenargumentation gestellten Behauptungen an: „Mit meinem Produkt wird dein Leben schöner/leichter/besser!"

Mit solchen Beweisen wirken deine Aussagen wesentlich glaubwürdiger:

- Marktstudien
- Positives Kunden-Feedback
- Konkrete Erfahrungen
- Konkrete Inhalte, wie z. B. Checklisten, Workshops etc.

Wenn du deine Behauptungen belegen kannst, wird dir dein Leser leichter einen Vertrauensvorschuss entgegenbringen. Sein Vertrauen brauchst du, um ihn als Kunden zu gewinnen.

Diese Technik kommt ursprünglich, wie fast alle Marketing-Erkenntnisse und Tools aus dem Amerikanischen. Dort ist sie als 4 P-Technik verbreitet.

Die 4 Ps stehen für:

PICTURE	PROMISE	PROOF	PUSH
WENN	**DANN**	**WEIL**	**DESHALB (CTA)**
Absatz 1/ Einleitung	Folgende Absätze	Vorletzter Absatz	Schluss-absatz

Ein weiteres, sehr erfolgreiches Prinzip, mit dem du deine Texte einfach strukturieren kannst, ist die AIDA Formel.

AIDA: 4 einfache Schritte zu Content, der verkauft

Content, der verkauft, gehört zu den mächtigsten Marketingwaffen eines jeden Unternehmers.

Du kannst die AIDA Formel wie einen konkreten Bauplan für deine komplette Marketingkommunikation nutzen, egal, ob du einen Post, einen Blogartikel oder einen Verkaufstext schreiben möchtest.

AIDA ist ein Werbeprinzip, das sehr oft im Online-Marketing zum Einsatz kommt, das System ist bewährt und erprobt.

Wusstest du, dass es die Formel schon seit 1898 gibt?

Sie wird auf Elias St. Elmo Lewis (23. März 1872 - 18. März 1948) zurückgeführt. In einem seiner Artikel über Werbung hat er zumindest drei grundlegende Prinzipien beschrieben, die als Grundlage für das AIDA-Modell gelten.

Spannend, dass AIDA heute noch so viel Gültigkeit im Marketing hat.

Das AIDA-Modell soll in 4 Stufen

Wenn du mit folgenden Fragen deine Verkaufstexte aufbaust, kannst du eigentlich kaum danebentreffen:

A = Aufmerksamkeit

Erzeugst du genügend Aufmerksamkeit bei deinen Lesern?

Es liegt auf der Hand: Nur, wenn du die Aufmerksamkeit des Lesers gewinnen kannst, ist es für dich möglich, ihn für dich zu interessieren oder gar zu überzeugen.

I = Interesse

Erzeugst du genügend Interesse?

Beschreibst du es sogar so, dass bei ihm der Wunsch entsteht, genau das haben zu wollen?

D = Desire

Erzeugst du ein Verlangen und damit einen Kaufwunsch?

Beschreibst du in einer Kommunikation so, dass du Gefühle weckst? Sind die Gefühle so stark, dass dein Gegenüber ein Verlangen nach deinem Produkt / deiner Dienstleistung entwickelt?

A = Action

Animierst du den Kunden zum finalen Klick? Inspirierst du ihn zu der Handlung, die du möchtest?

Hast du ein passendes Angebot für deinen Kunden und machst du es ihm einfach, mit einem Klick zu kaufen, indem du ihn dazu aufforderst??

Einsatzbereiche:

AIDA kannst du für alle Textformen einsetzen. Jeder Content, den du erstellst, sollte ein Ziel haben. Das muss nicht unbedingt ein Verkauf sein. Das kann auch das Eintragen in eine Liste sein. Oder das Herunterladen deines Freebies.

Egal, welche der beiden Formeln du bei deinen Texten favorisierst, du musst als Erstes alles über dein Gegenüber lernen und verstehen. Nur so kannst du ihn/sie zielgerichtet ansprechen.

Die zentrale Figur ist immer dein Gegenüber

ALS ALLERERSTES MUSST DU VERSTEHEN, WIE DEIN KUNDE TICKT.

Wenn du verstehen willst, wie dein Kunde tickt, musst du ihn erst einmal in- und auswendig kennen oder kennenlernen. Du hast vielleicht schon einmal den Satz gehört: „Man muss seinen Kunden da abholen, wo er steht". Was ist damit gemeint?

Du musst den Punkt kennen, wo der Kunde mit seinem Wissen über dein Angebot steht. Genau dort musst du ihn abholen. Weiß dein Kunde bereits viel über dein Angebot, wird er sich bei einem erklärenden Basistext sicherlich langweilen und weiterziehen. Ein Profitexter zum Beispiel würde sich bei diesem Büchlein vermutlich langweilen, da es hier um Grundlagen geht. Setzt du dagegen zu viel Wissen voraus, wird sich der Leser überfordert fühlen, weil er deinen Text nicht versteht. Ein wissenschaftliches Fachbuch für Studenten wird Luise Müllermeier als Neuling im Online-Business völlig überfordern. Auch diese Leserin wird weiterziehen. Und das wollen wir nicht!

Allgemein gilt: Je besser der Kunde sich seines Problems bereits bewusst ist, desto direkter kannst du in deinem Marketing agieren. Womöglich liegt dein Kunde wegen seines Problems um 3 Uhr nachts wach. Kennst du das auch? Wie gern hättest du da eine Lösung gehabt! Du hättest seelenruhig weiterschlafen können und wärst am nächsten Morgen ausgeruht.

Es kann aber auch sein, dass dein Kunde gar keine Ahnung hat, dass er Problem X hat. Gerade beim Texten ist das eine spannende Angelegenheit. Denn jeder von uns hatte schließlich Deutsch in der Schule und hat Schreiben gelernt. Viele Selbstständige sind sich dessen gar nicht bewusst, dass „Texten fürs Business" etwas ganz anderes ist als das, was uns in der Schule an „Schreibkunst" vermittelt wurde.

Das Bewusstsein für ein Problem, dessen Lösung du verkaufen möchtest, besitzt hier eine sehr große Spannweite. Entsprechend musst du deine Inhalte ausformulieren. Wie du diese ganzen Informationen herausbekommen kannst?

Zum Beispiel durch Umfragen in deiner Zielgruppe. Niemand kann dir besser über den eigenen Schmerz berichten!

Viele Selbstständige machen den Fehler und wollen nur ihr Produkt verkaufen. Das wird nicht funktionieren. So landest du unweigerlich im Vergleich mit deinem Wettbewerb und kannst nur über immer noch niedrigere Preise agieren.

Wenn du aber deinen Kunden in den Vordergrund stellst, statt dein Produkt, handelst du individuell für diese Person. Sie fühlt sich angesprochen und die Chancen, dass sie bei dir kauft, steigen wesentlich.

WER SICH NUR DARAUF KONZENTRIERT, WAS ER VERKAUFT, DER VERGISST, DARÜBER NACHZUDENKEN, AN WEN ER VERKAUFT.

Stelle dein Gegenüber daher immer in den Mittelpunkt. Um ihn drehen sich alle deine Bemühungen, mit dem Ziel, Verkäufe zu generieren. Um dieses Ziel zu erreichen, werden relevante Inhalte (Content) über verschiedene Kanäle (auf denen sich dein Kunde aufhält) veröffentlicht und verteilt.

Du musst deinen Kunden gut kennen, um Angebote zu entwickeln, die er tatsächlich kauft.

Du siehst, du musst dich sehr intensiv mit der Ausgangslage deines potenziellen Kunden auseinandersetzen. Und genau dieser essenzielle Schritt wird in der Praxis gern übersprungen - und dann wundert man sich, warum die Marketing-Botschaft nicht ankommt.

Wenn du kein genaues Bild von deinem Zielkunden hast, dann stocherst du mit deinem Marketing nur im Nebel und wirst es schwer haben, zu verkaufen.

MARKETING BEGINNT NICHT MIT UNSEREM ANGEBOT.

ES BEGINNT VIEL FRÜHER: MIT DEM KUNDENBEDÜRFNIS.

WIR MÜSSEN DEN KUNDEN UND SEIN BEDÜRFNIS VERSTEHEN.

ER WIRD NUR DANN UNSER ANGEBOT KAUFEN, WENN SEIN BEDÜRFNIS BEFRIEDIGT WIRD.

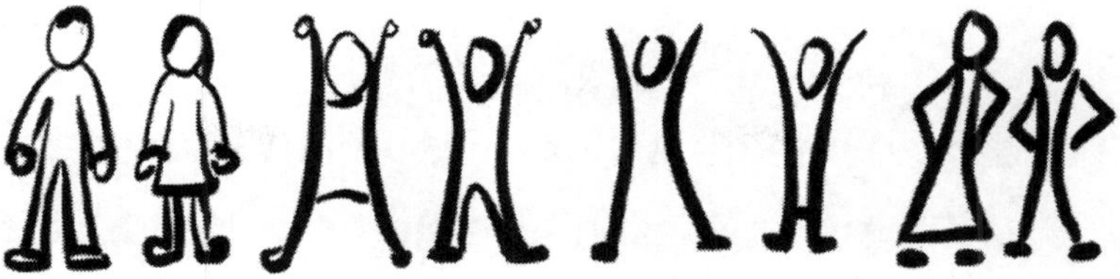

Dein Gegenüber = Deine Zielgruppe

DER GRUND, WARUM VIELE ANGEBOTE IM MARKT NICHT ANKOMMEN, IST DAS FEHLENDE WISSEN ÜBER DIE ZIELGRUPPE. DAZU KOMMT NOCH MANGELNDES EINFÜHLUNGSVERMÖGEN.

Deine Zielgruppe ist die Gruppe, mit der du am liebsten zusammenarbeiten möchtest. Und von dieser Gruppe solltest du einiges wissen: Welche Vorlieben sie hat, welche Ziele und welche Werte. Viele Selbstständige und Unternehmer tun sich schwer damit, eine Außensicht einzunehmen und die relevanten Wünsche und Bedürfnisse ihrer Kunden zu identifizieren.

Um das ganze Potenzial deines Contents ausschöpfen zu können, ist es unverzichtbar, dass du deine Zielgruppe genau kennst.

Du musst wissen, wie sie tickt. Kennst du die Antworten auf die folgenden Fragen, wird deine Kommunikation mit deiner Zielgruppe von ganz allein effektiver:

? Was sind die Probleme und Frustrationen dieser Menschen?

? Was sind ihre Sorgen und Ängste?

? Welche Wünsche und Ziele haben sie?

? Was liegt ihnen am Herzen?

? Wie sieht ihre Ist-Situation aus, die sie ändern möchten?

? Wie sieht ihre Wunsch-Situation aus, die sie gerne erreichen möchten?

? Welche konkreten Worte nutzen die Menschen in deiner Zielgruppe, um all das zu beschreiben?

Auch wenn dir diese Recherchen zur Bestimmung deiner Zielgruppe ziemlich viel Kopfzerbrechen bereiten, diesen Schritt einfach zu überspringen, halte ich für falsch. Ohne konkrete Ansprache werden deine Texte irgendwo im Nirwana landen. Aber niemals bei dem Kunden, den du gerne gewinnen möchtest.

JE MEHR DU ÜBER IHRE ZIELGRUPPE IN ERFAHRUNG BRINGEN KANNST, UMSO BESSER KANNST DU DIESE MIT DEINEN ANGEBOTEN ANSPRECHEN.

Stellvertretend für deine Zielgruppe entwirfst du dann eine Persona. Dies ist die halbfiktive Darstellung deines idealen Kunden. Du kannst diese Persona zum Beispiel anhand konkreter Daten bereits existierender Kunden erstellen. Es ist für dich viel einfacher, für eine Person zu schreiben als für eine diffuse Gruppe. Ich habe mich zu Anfang meiner Selbstständigkeit auch schwer damit getan und habe mich daher einfach an meiner damaligen Lieblingskundin orientiert.

Sogenannte "Personas" sind wie Steckbriefe, die einen beispielhaften Kunden abbilden. Damit stärkst du deine Vorstellung, für wen du textest. Ich stelle mir immer vor, dass diese Person hinter meinem Bildschirm auf einem Stuhl sitzt und ich sie während des Schreibens anspreche. Klingt ziemlich crazy, nicht wahr? Funktioniert aber tatsächlich. Probiere es einfach aus. Du kannst auch ein Bild dieser Person vor dich an die Wand hängen. Wichtig ist nur, dass du sie immer im Blick hast.

Buyer Personas verleihen deiner Zielgruppe Struktur und Kontext. So kannst du Argumente und Aussagen auf diese Zielgruppe einfach anpassen. Eine möglichst konkrete Vorstellung der Zielpersonen ist für das Texten unabdingbar. Es reicht nicht, nur über Geschlecht und Alter informiert zu sein. Weitere Informationen, wie auf den nächsten Seiten beschrieben, müssen das Bild der Lesenden verdeutlichen.

Hast du die Persona detailliert herausgearbeitet, wirst du merken, dass du plötzlich fähig bist, ansprechende Texte für klare Bedürfnisse zu texten. Es wird dir viel leichter fallen, Content zu entwerfen und treffsicher zu gestalten.

Je mehr du über deinen idealen Kunden weißt, z. B. über seinen Schmerz, seine Ziele oder seine Möglichkeiten, desto genauer kannst du eine effektive Strategie entwickeln, mit der du deine Leser zu Website-Besuchern, dann zu Leads und schließlich zu Kunden machst.

Marketing ohne Buyer Persona, ist ein bisschen, wie ins Blaue fahren. Was für eine abenteuerliche Reise recht vielversprechend klingen mag, kann in deinem Business eine böse Falle sein. Einfach loszufahren, ohne ein konkretes Ziel vor Augen zu haben und zum Schluss am Idealpunkt ankommen zu wollen, funktioniert selten.

Wie du deine Buyer Persona entwickeln kannst, beschreibe ich in den nächsten Kapiteln. Dieser Weg, aus den Gefühlen und Bedürfnissen eine konkrete Persona zu erschaffen, erscheint mir persönlich am einfachsten.

Im Internet gibt es unendlich viele Anleitungen und Vorlagen zu dem Thema, die du dir, größtenteils sogar kostenlos, herunterladen kannst, z. B. bei Hubspot.

Erstelle zunächst eine Empathy Map

Wir wollen unsere Kunden nicht nur in ihrem Äußeren erfassen, wir wollen vor allem ihre Gefühle erfassen.

Ein sehr praktisches Tool, um die Wahrnehmungs- und Gefühlswelt deines Kunden zu beschreiben, ist die "Empathy Map".

DER ZEITAUFWAND FÜR EINE EMPATHY MAP BETRÄGT CIRCA EINE HALBE STUNDE.

Es geht darum, sich in einen prototypischen Kunden hineinzuversetzen und seine Gefühle, Gedanken und Handlungen zu erfassen. Anstelle von Daten steht die Empathie im Mittelpunkt.

Sie ist perfekt, um einen tieferen Einblick in die Welt deines Lieblingskunden zu gewinnen und damit eine Basis für deine Marketingaktivitäten zu schaffen.

Basis der "**Empathy Map**" sind folgende Aspekte:

Was sieht Dein Kunde?

Was sieht dein Kunde an einem typischen Tag? Was sieht er in der definierten Situation? Was sieht er, wenn er den Markt der Anbieter möglicher Lösungen betrachtet?

Zum Beispiel: Kollegen, Bildschirm, Social Media, Mitbewerber.

Was hört dein Kunde?

Welche akustischen Eindrücke hört die Person in der Situation (Geräusche, Stimmen, Straßenlärm etc.)? Was hört die Person typischerweise von Personen aus ihrem Umfeld? Welchen Informationen ist sie ausgesetzt?

Zum Beispiel: Meinungen von Freunden. Nachrichten, Kollegengespräche, Telefonate

Wie handelt dein Kunde?

Was macht die Person an einem typischen Tag? Was macht sie in der definierten Situation? Was sind für sie typische Aussagen?

Zum Beispiel: geht morgens joggen, liest Blogs, tauscht sich mit Freunden aus, recherchiert für den nächsten Urlaub, engagiert sich ehrenamtlich.

Was denkt und fühlt dein Kunde?

Was denkt und fühlt die Person an einem typischen Tag oder in der spezifischen Situation?

Zum Beispiel: Er ist gestresst im Job, entscheidungsmüde im privaten Bereich, er möchte Abwechslung im Leben, denkt darüber nach, sein Leben zu verändern. Was denkt und fühlt er?

Die klassische „Empathy Map" nach dem Erfinder David Gray wird um zwei weitere Aspekte ergänzt: Pains (Schmerzen) und Gains (Wünsche).

Pains sind z. B. zu viel Stress, Angst vor Fehlentscheidungen, Angst zu versagen, Überforderung.

Gains sind z. B. neue Energie, Erfolg im Job, mehr Geld, mehr Kunden, mehr Freizeit.

Ich führe die Empathy Map für meine Projekte noch weiter aus. Das bringt mir genauere Bilder meines Lieblingskunden. Beachte neben den positiven Aspekten auch die negativen.

Positiv: Welche Wünsche hat er?
Welche Bedürfnisse hat er?
Welche Maßstäbe setzt er?
Welche Stärken hat er?
Welche Werte hat er?

Negativ: Welche Ängste hat er?
Was frustriert ihn am meisten?

Welche Schwächen hat er?

Welche Hindernisse stehen ihm im Weg?

Erst wenn Du das alles weißt, kannst du deinen Kunden zur Nummer 1 in Deinen Texten machen.

#1

Die Buyer Persona

Erstelle nun aus den gesammelten emotionalen Angaben eine detaillierte Buyer Persona. Sie ist ein fundamentales Instrument für dein Business.

Wenn du möchtest, kannst du eine Art Steckbrief von ihr / ihm verfassen, gern mit einem Bild. Diesen Steckbrief hängst du an deine Pinwand und immer, wenn du einen Text schreiben möchtest, schreibst du ihn genau für diese Person.

Diese Buyer Persona haben wir bislang nur unter dem Aspekt ihrer Gefühlswelt beschrieben. Leider ist das nicht ausreichend. Wir müssen noch viel mehr über unseren Lieblingskunden wissen, wie die nächste Abbildung zeigt:

Je mehr über diese Person bekannt ist, desto leichter fällt dir die direkte Ansprache.

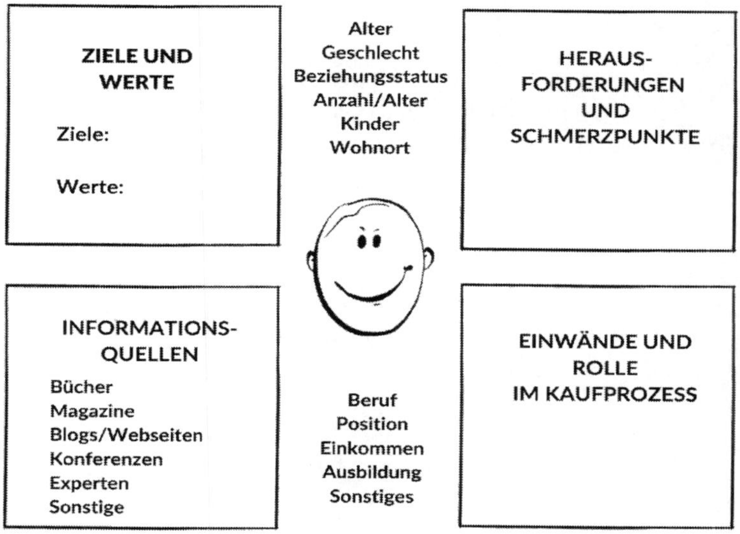

Zu einem Buyer Persona-Steckbrief gehören:

- Soziodemografische Daten wie Alter, Beruf und Herkunft.
- Wünsche und Bedürfnisse an Produkt oder Dienstleistung.

- Der größte Schmerz dieser Person
- Befürchtungen, Einwände oder Ängste, die einen Kauf verhindern oder verzögern.
- Gemeinsame Begegnungspunkte, wo ein Kontakt zwischen Unternehmen und Kunde stattfinden könnte.
- Wie der Kunde spricht (Tonalität).

Wenn diese Punkte bekannt sind, lassen sich Texte exakter ausrichten und das Texten fällt leichter.

Eine detaillierte Buyer Persona unterstützt dich in verschiedenen Bereichen:

- **Im Content Marketing:**

Die Buyer Persona deckt die wahren Schwachstellen deines idealen Kunden auf und ermöglicht es dir, Inhalte zu produzieren, welche deine zukünftigen Kunden ansprechen und deren Bedürfnisse erfüllen. Diese Art von Inhalten kommt auch bei Suchmaschinen sehr gut an, weil sie deinen Zielmarkt perfekt anspricht. Wenn du in der Lage bist, die wahren Schwachstellen deiner Kunden zu adressieren, wird dein Angebot für diese attraktiver!

- **Bei der bezahlten Werbung:**

Vielleicht möchtest du dein Marketing durch bezahlte Werbeanzeigen voranbringen. Dann musst du unbedingt deine Buyer Persona im Kopf haben. Nur wenn du die Anzeigen mit passenden Bildern und zugehörigen Texten so gestaltest, dass sie bestimmte Personen (deine Zielgruppe) ansprechen, wird dein Geld und deine Zeit optimal investiert sein.

Ohne sogenanntes „Targeting" könntest du gleich das Fenster öffnen und dein Geld in hohem Bogen hinauswerfen.

- **Wenn du ein neues Produkt entwickelst:**

Ein Produkt, das speziell auf die Bedürfnisse deiner Buyer Persona ausgerichtet ist, wird viel besser bei deinem idealen Kunden ankommen. Der ganze Verkaufsprozess wird personalisierter, zielgerichteter und relevanter. Und damit erfolgreicher.

- **Wenn du deinen Kunden geplant führen willst:**

Wenn du deinen idealen Kunden kennst, kannst du ihn perfekt durch deinen Verkaufsprozess führen und begleiten – beginnend mit der ersten Interaktion, dem Besuch der Website, hin zur Informationsbeschaffung und letztlich zum Kaufabschluss. Wenn du ein skalierbares Business aufbauen möchtest, solltest du so vorgehen.

DU MUSST SEHR GENAU WISSEN, WER DEINE POTENZIELLE ZIELGRUPPE IST UND WELCHE ZIELE SIE VERFOLGT.

Gezielte Kundenansprache am Beispiel Hundefutter

Angenommen, du verkaufst Hundefutter. Wen genau möchtest du mit deinen Texten erreichen? Alle Hundehalter? Natürlich nicht! Das wäre ein viel zu breit gefächertes Spektrum an Menschen, um sie effektiv mit einer einzigen Botschaft ansprechen zu können.

Hier ein paar Beispiele für die Bedürfnisse unterschiedlicher, teilweise konträrer Zielgruppen innerhalb der Gruppe „Alle Hundehalter":

1. Hundefutter für Welpen – mit viel Power, damit der Kleine groß und stark wird.
2. Hundefutter für Senioren – mit wenig Power, damit kein Übergewicht entsteht.
3. Hundefutter für Sportskanonen und Arbeitshunde – für optimale Leistungsfähigkeit
4. Hundefutter für Allergiker – ohne Zusatzstoffe
5. DIÄT-Hundefutter für übergewichtige Hunde
6. Hundefutter für Bernhardiner

7. Hundefutter für Chihuahuas

8. Hundefutter speziell für kranke Hunde, z. B. mit Nierenproblemen.

Auch wenn du kein Hundekenner bist, erkennst du schon bei Punkt 1 und 2, wie unterschiedlich die Bedürfnisse einer Zielgruppe sein können. Diese beiden Gruppen verfolgen völlig unterschiedliche Interessen und brauchen daher eine andere Ansprache.

Ich finde den Spruch sehr treffend: **"Wer zwei Kaninchen jagt, fängt keines!"** Und genau so ist es auch bei Texten.

Am Beispiel „Hundefutter" wird sofort klar, dass du verschiedene Zielgruppen nicht mit einer einzigen Botschaft ansprechen kannst.

Stattdessen solltest du für jede Gruppe eine eigene Buyer Persona erstellen.

So, jetzt aber genug der geistigen Vorarbeit. Jetzt gehen wir zu handfesten Schreib-Tipps über.

LESER LESEN NUR DAS, WAS IHNEN GUTTUT. UND DAS WISSEN SIE MEIST ZIEMLICH GENAU.

Teil 2: Verkaufspsychologische Aspekte

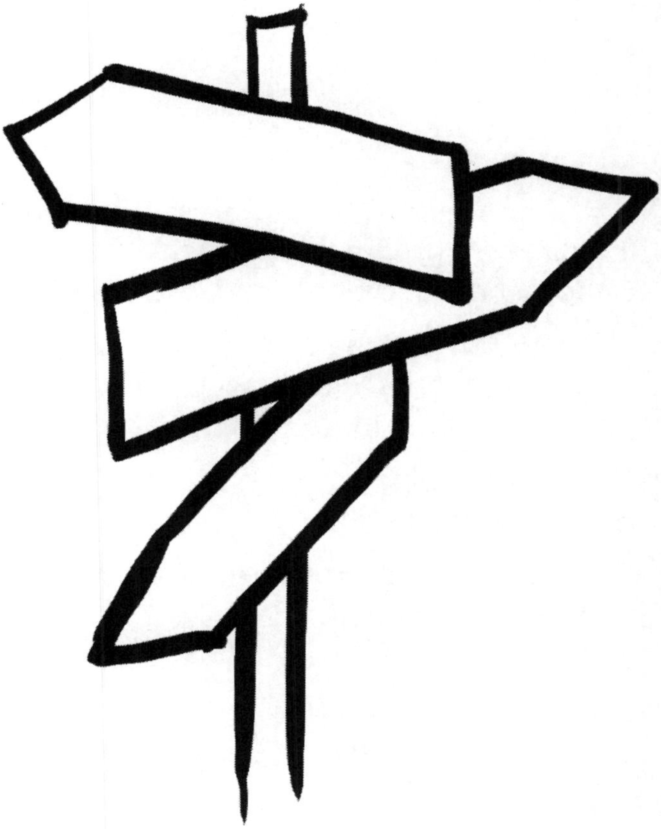

Was solltest du unter verkaufspsychologischen Aspekten bei deinen Online-Texten beachten?

Auf den ersten Seiten dieses Büchleins habe ich dir die Unterschiede zwischen persönlichen Gesprächen und dem Text-Dialog erklärt.

Im WWW müssen wir unsere Zielgruppen / Buyer Personas mit noch weniger Worten überzeugen als in der Offline-Welt.-

Das bedeutet ganz einfach: Diese Wörter müssen sitzen!

Sicher hast du schon einmal im Verkauf folgende Sätze gehört:

VERKAUFEN IST WIE FLIRTEN.

---

oder

VERKAUFEN IST WIE TANGO-TANZEN.

Ich finde, das sind wundervolle Metaphern für das Verkaufen mit und ohne reales Gegenüber. Denn was passiert hier? Beziehungsweise: Was muss passieren, damit etwas passiert? Und wie passiert es?

Lass uns schauen!

Beim Flirten, wie auf diesem Bild dargestellt, führst du ein Gespräch mit einem realen Gegenüber. Ihr sprecht beide, im Idealfall ;-)

Projiziere diese Situation auf das Verkaufen vor Ort. Du triffst dich mit einer Person, die Interesse zeigt, die dir aber völlig unbekannt ist. Im Laufe des Gespräches lernt ihr euch kennen und könnt feststellen, ob ihr zusammenpasst. Was du jetzt erreichen musst, ist, gute Gefühle auszulösen. Im Idealfall wächst Vertrauen und ihr werdet Business-Partner.

Das Wichtigste: Du musst dich auf die andere Person einstellen, sonst wird das nichts und er/sie ist schnell wieder weg. Das gilt für den Geschäftspartner ebenso wie für den Flirt an der Bar.

Du musst auf dein Gegenüber eingehen. Du musst ihm Fragen stellen, damit du möglichst viel von ihm/ihr erfährst.

DAS BEDEUTET, DU GEHST MIT DEINEM GEGENÜBER IN EINEN DIALOG.

Auf diesem Bild siehst du ein Paar, das Tango tanzt. Ein Paar, das jahrelang aufeinander eingeschworen ist, kann sicher einen perfekten Tanz aufs Parkett legen. Aber wie ist das mit zwei Menschen, die noch nie miteinander getanzt haben?

Beim Tango-Tanzen herrscht eine wortlose Kommunikation.

Stell Dir vor, diese beiden Tänzer würden die ganze Zeit miteinander sprechen ;-) Jetzt rechts, rechts, links, jetzt kreuzen, Bein anwinkeln ;-) Der unbeschreibliche Zauber des Tanzes ginge verloren!

Nein, der männliche Tänzer gibt nur anleitende Impulse. Wenn diese Impulse richtig sind (man sagt, dann kann er gut führen) wird die Frau die Impulse verstehen und sich einfach führen lassen.

Ähnlich ist es auch mit deinen Online-Texten. Versteht deine Community deine Impulse, wird sie dir folgen und auch kaufen.

FÜHRE DEIN GEGENÜBER,

WENN NOTWENDIG.

ZEIGE IHM, WO ES LANGGEHT.

VERSTEHT ER ES, WIRD ER EINFACH MIT DIR GEHEN.

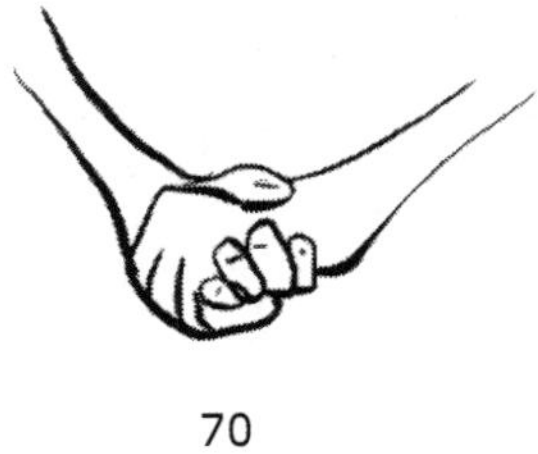

Das gilt für den Online- und den Offline-Verkauf.

Die zentrale Figur ist immer dein Gegenüber. Dessen Herz musst du erreichen und es öffnen. Nur so erreichst du auch sein Portemonnaie.

BEHANDLE DEINE ZUKÜNFTIGEN KUNDEN NICHT WIE EIN PRODUKT, SONDERN STELLE SIE INS ***ZENTRUM*** *ALL DEINER ZUKÜNFTIGEN AKTIVITÄTEN.*

Besonderheiten von Online-Texten

In einem persönlichen Gespräch hast du es etwas einfacher. Du sprichst mit einer realen Person.

Im Internet kommen jedoch besondere Herausforderungen auf dich zu.

Online-Herausforderung 1:

Im Internet hast du im Verkauf und beim Texten kein reales Gegenüber!

Online-Herausforderung 2:

Der Leser entscheidet innerhalb von 5-7 Sekunden, ob er deine Inhalte interessant findet oder nicht. Der Weg hin zu dir und deinen Texten ist genauso kurz wie der Weg weg von Dir.

Online Herausforderung 3:

Im Internet ist der Mitbewerber immer nur einen Klick weit entfernt.

Was bedeutet das für dich?

Wenn du einen Dialog über das Medium Texte beginnen möchtest, fehlt dir der Gesprächspartner. Du kannst nicht fragen, möchtest du dein Angebot lieber so oder so? Du kannst nicht individuell arbeiten. Du hast keine Chance, im Notfall schnell umzuschwenken. Du bist gezwungen, Vermutungen darüber anzustellen, was dein zukünftiger Kunde möchte.

Da das Arbeiten mit der Glaskugel keine solide Basis für dein Business ist, solltest du dich also mit deiner Zielgruppe beschäftigen. Das habe ich im vorhergehenden Kapitel bereits ausführlich erläutert.

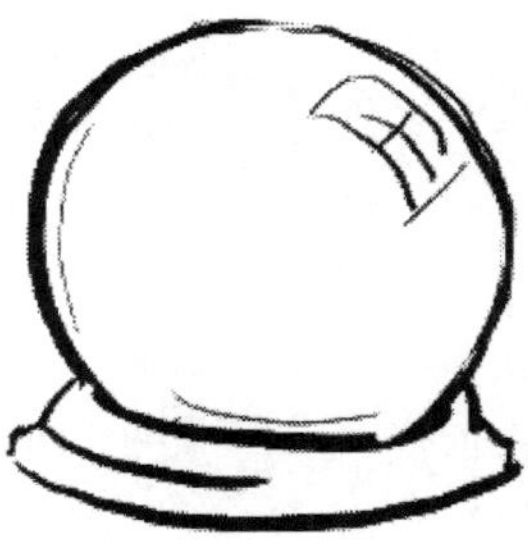

Denn du wirst nicht, wie in einem persönlichen Gespräch, direkte Reaktionen erkennen können. Reagiert dein Ansprechpartner aufgeschlossen und freundlich, schaut er mürrisch abweisend drein oder hat er gar noch Fragezeichen auf der Stirn? All das siehst du nicht. Du bekommst in der Regel keine direkten Antworten. Der Leser geht einfach weg. Und du hast keine Ahnung, warum du nicht angekommen bist.

Klingt das für dich etwas frustrierend? Zugegeben, es ist ein bisschen wie Würfeln. Wenn du jedoch deine Texte nach diesem Buch kundentreffsicher gestaltest, dann werden die „Sechser" nicht mehr dem Zufall überlassen sein.

Um online ein Text-Gespräch aufzubauen, hast du keine andere Möglichkeit, als deinen Kunden direkt anzusprechen und ihm Fragen in deinem Kontext zu stellen: „Kennst du das auch ...?", „Geht es dir auch so?", „Hast du das auch schon einmal erlebt?", „Stell dir mal vor ... würdest du auch ..."

Aber du erhältst keine Antworten, keine direkten Reaktionen, wie in einem realen Gespräch! Trotzdem musst du den Dialog und damit deine Kunden weiterführen; mit weiteren Impulsen, wie beim Tango. Und so, dass deine Zielgruppe dich versteht.

Und damit tun sich verständlicherweise viele Menschen sehr schwer.

Was bedeutet das für deine Kommunikation?

Um Dir das Lesen zu erleichtern, habe ich bei den folgenden Tipps jeweils zu Anfang eine Kurzübersicht in die Infobox gepackt und die einzelnen Punkte danach ausführlicher bearbeitet.

1. Halte eine übersichtliche Struktur ein

KURZINFO

- *kurze Sätze (< 15 Wörter), wenige Nebensätze*
- *wichtige Regel: pro Gedanke 1 Satz!*
- *viele kleine Abschnitte mit Zwischenüberschriften*

Verwende möglichst kurze Sätze. Schreibe nicht mehr als 15 Wörter in einen Satz. Komplizierte Schachtelsätze gemäß Thomas Mann sind online absolut tabu. Arbeite mit wenigen und einfachen Nebensätzen. Der Punkt ist dein bester Freund.

Nichts verwirrt den Leser mehr als Gedankensprünge. Wenn du dich konsequent an die Regel hältst:

PRO GEDANKE EIN SATZ!

- kannst du kaum etwas falsch machen.

Unterteile deinen Text in viele kleine Abschnitte. Ein übersichtlicher Abschnitt sollte max. 6 Zeilen haben. Am besten versiehst du zusammengehörende Abschnitte mit Zwischenüberschriften.
So bleibt die Übersichtlichkeit auch in längeren Texten immer gewährleistet.

2. Drücke dich einfach, aber glasklar und kraftvoll aus

KURZINFO

- *kurze und einfache Wörter*
- *bildhafte Sprache*
- *keine abstrakten und verallgemeinernde Begriffe.*

Die Redewendung „In der Kürze liegt die Würze" trifft bei Online-Texten mitten in die Zielscheibe.

Idealerweise auch mitten ins Herz. Eine knappe Darstellung ist oft treffender als eine ausführliche.

Ersetze lange oder komplizierte Wortkonstruktionen möglichst durch kurze und einfache Wörter. Diese Wörter sind den meisten Lesern geläufig.

Verwende eine bildhafte Sprache. Bilder bleiben bei deinem Leser viel eher und länger im Kopf. Das kann eine komplette Story sein, muss aber nicht. Bilder im Kopf des Lesers zu erschaffen, genügt vorerst.

Ich behaupte: Ausnahmslos ALLE Leser lieben konkrete Wörter und bildhafte Formulierungen. Diese bleiben im Kopf, denn unser limbisches System versteht und behält diese Bild-Nachrichten.

Dagegen lassen abstrakte, verallgemeinernde Begriffe die Wachsamkeit des Lesers ganz schnell gegen null sinken. Er schaltet ab.

Besonders fatal ist das bei Texten im Internet, denn die Konkurrenzseite ist immer nur einen Klick entfernt.

Die Formel, die Leser magisch anzieht

Beherzige IMMER folgende magische Formel und du wirst mit deinen Texten tatsächlich Kunden anziehen, wie das Licht die Mücke:

DENKE BEIM VERFASSEN DEINER TEXTE IMMER AN DEINEN LESER!

Frage dich:

- Was erzeugt ein Bild im Kopf meines Lesers?
- Was berührt meinen Leser sinnlich?
- Welche konkreten Informationen will er haben und wie aufbereitet?
- Was hinterlässt einen nachhaltigen Eindruck bei ihm?

Damit du das alles beurteilen kannst, muss Du Dir erst einmal bewusst machen:

Wie tickt der Leser im Internet?

Dazu sehen wir uns ein paar Fakten zum Lesen im Internet an.

Fakten und Zahlen zum Lesen im Internet

Wobei Mess-Zahlen[1] im Internet immer als relativ zu betrachten sind.

Diese Zahlen wurden auf Webseiten ermittelt, die Ergebnisse sind aber auf alle Textarten übertragbar:

- Nutzer beurteilen innerhalb von 7 Sekunden, ob deine Texte für sie interessant sind. Mehr Zeit hast du nicht, um Besucher von deiner Qualität zu überzeugen.
- User studieren zu ¾ ihrer Besuchszeit die linke Seite deiner Website. Die restliche Zeit wird für die Elemente auf der rechten Hälfte verwendet, falls jene interessante Impulse liefern.
- Ca. 80 % der Besucher lesen nur „above the fold" - also das, was ganz oben auf einer Website dargestellt ist. Nur wenige scrollen nach unten, um den restlichen Content anzusehen.
- 8 von 10 Lesern widmen deinen Überschriften Aufmerksamkeit.
- Nur 16 % der User lesen sich deinen ganzen Internet-Text durch.

---

[1] Löffler, Miriam: Think Content!, S. 470 ff.)

- Ganze 79 % überfliegen den Text eher – das ist die Gruppe der Scanner.

→ Diese Gruppe gilt es zu erreichen

Wenn wir jetzt wissen, wie unser Leser tickt, können wir ihm seine Sache ja leichter machen. Dann wird er gern bei uns bleiben wollen.

Dein Ziel:

Hochwertige und leicht konsumierbare Inhalte erstellen

- auch wenn das Thema kompliziert und trocken ist.

MAKE IT EASY!

KEEP IT SIMPLE

KURZINFO

- *Das Wichtigste am Anfang, zusätzliche Infos ans Ende.*
- *Sinnvolle Abschnitte verbessern die Lesbarkeit.*
- *Zwischenüberschriften liefern Anreize.*
- *Unerlässlich: der Call-to-Action am Seitenende.*

Packe das Wichtigste an den Anfang und setze zusätzliche Infos ans Ende.

Unterteile deinen Text in sinnvolle Abschnitte, um die Lesbarkeit zu verbessern.

Setze dabei Zwischenüberschriften ein, um den Scannern genügend Anreize zu liefern. Genau danach scannen diese Personen. In diesem Büchlein habe ich dazu die Infoboxen eingesetzt.

Nutze immer einen **Call-to-Action**. Dieser sollte am Seitenende platziert sein und sollte sich deutlich vom restlichen Fließtext absetzen, damit er Aufmerksamkeit erregt.

Bitte formuliere die Handlungsaufforderung nicht im Befehlston. Das ist unhöflich. „Hier klicken“ erzeugt bei mir automatisch innere Gegenwehr. Viel freundlicher ist es, auch hier mit Nutzen zu arbeiten: „Hier kommst du direkt zum Kontaktformular“ oder „Hier kannst du …“

Außerdem ….

KURZINFO

- *Bullet-Points erhöhen die Übersichtlichkeit.*
- *Wichtige Begriffe/Sätze fett oder unterstrichen.*
- *Einfache, kurze und aktive Sätze.*
- *Möglichst kein Konjunktiv (würde, könnte, sollte etc.).*
- *Immer positiv schreiben.*

Nutze Bullet Points, diese erhöhen die Übersichtlichkeit deiner Texte. Das wirst du in diesem Büchlein vielleicht schon bemerkt haben. Zu einer Überschrift gibt es die Bullet Points als kurze Übersicht. Erst danach folgt die ausführliche Erklärung. Ich überlasse es dem Leser, ob er jene lesen möchte.

Sei hier gern ein bisschen kreativ und nutze nicht nur schwarze Punkte.

Empfohlen wird, möglichst eine ungerade Anzahl von Bullet Points zu verwenden. Leser mögen das lieber.

Wenn ich etwas positiv hervorheben möchte, verwende ich niemals das Minuszeichen. Minus bedeutet negativ. Das bleibt dem Leser im Unterbewusstsein hängen.

Fette wichtige Begriffe und Sätze – aber Vorsicht: Wähle diese sorgfältig aus und verwende **bold** nicht zu häufig. Die Fortgeschrittenen im Texten können sich daran üben: Die fettgeschriebenen Wörter ergeben grob einen Sinn.

Formuliere einfache, kurze und aktive Sätze. Lass den Konjunktiv raus, der macht deine Sätze nur komplizierter und vor allem schwammiger in ihrer Aussage.

Schreibe immer positiv und verwende positiv behaftete Wörter, sonst vergraulst du deine Leser mit negativem Flair.

Und schließlich ....

KURZINFO

- *Vermeide abstrakte Begriffe und kunstvolle Metaphern.*
- *Redewendungen und Sprachbilder sind ok.*
- *Sprich Deine Zielgruppe/Leser aktiv an.*

Vermeide abstrakte Begriffe und Metaphern, die kunstvoll in Worten schwelgen. Diese erschweren beim online Lesen nur das

Verständnis. Gängige Redewendungen und Sprachbilder sind jedoch absolut in Ordnung.

Sprich deine Zielgruppe aktiv an, das involviert deine Leser und lässt sie aufmerksamer werden.

Sprich deine Leser aktiv an, um ihnen deine Aufmerksamkeit zu sichern.

Dein Ziel:

Breite Präsenz schaffen und Konversationen starten

Du willst mit „Content Marketing" eine breit gefächerte Präsenz schaffen. Diese dient dazu, dich bei den Interessenten immer wieder in Erinnerung zu rufen. Denn machen wir uns nichts vor, die meisten Leute aus unserer Zielgruppe kennen uns nicht und wissen auch nicht, wie unser Angebot ihr Problem lösen könnte.

Auf den folgenden Seiten zeige ich dir auf, was du unter verkaufspsychologischen Aspekten beachten solltest.

Den Spruch „WER NICHT WEISS, WO ER HINWILL, MUSS SICH NICHT WUNDERN, wenn er GANZ WOANDERS oder NIEMALS ankommt!" kennst du sicher. Was für den original Spruch im Allgemeinen gilt, gilt insbesondere auch für Texte:

WER NICHT WEISS, WO ER HIN WILL, MUSS SICH NICHT WUNDERN, WENN SEIN TEXT GANZ WOANDERS ODER NIEMALS ANKOMMT!

Es gibt viele Aspekte zu beachten, ich habe hier nur die wichtigsten für dich aufgezählt:

1. Setze dir immer vor dem Schreiben ein Ziel

Die folgenden Fragen hast du ähnlich schon einmal bei der Vorarbeit zum Texten gelesen. Wenn ich diese wiederhole, soll das nicht ein Indiz für meine Einfallslosigkeit sein, sondern die Wichtigkeit der Fragen hervorheben. Beantworte dir folgende Fragen:

? Was möchte ich mit meinem Text erreichen?

? Habe ich meine Zielgruppe genau festgelegt?

? Erreiche ich mit meinem Text meine Zielgruppe? Das ist absolut wichtig. Steht deine Zielgruppe nicht fest, hast du keinen wirklichen Adressaten. Dann kann deine Botschaft noch so gut sein. Sie wird nicht ankommen.

- ? Welche Art von Text möchte ich produzieren? Schreibe ich ein Angebot oder einen Newsletter? Geht es um meine Website-Inhalte oder einen Blogartikel?
- ? Möchte ich mit dem Text Kunden generieren oder „nur" Reichweite schaffen?

2. Schreibe Texte von Mensch zu Mensch.

Sei bei allem, was du sagst (schreibst), absolut wertschätzend.

Wertschätzung ist der Wirkfaktor Nummer eins beim Kunden/Leser.

Der Kunde möchte als Mensch gesehen werden.

Er möchte, dass ihm zugehört wird.

Das beste Vertrauensverhältnis erreichst du, wenn es menschelt. Ich war mir dessen auch lange Zeit nicht bewusst, bis mir eine langjährige Kundin dies in ein Testimonial geschrieben hatte; als Punkt, was ihr am allerbesten gefallen hat.

Schreibe also Texte, bei denen man merkt, dass sie von Menschen geschrieben wurden. Menschen aus Fleisch und Blut, Menschen mit Emotionen und Fehlern, nicht von Maschinen.

GESCHÄFTE WERDEN IMMER ZWISCHEN MENSCHEN GEMACHT.

---

3. Biete Mehrwert statt 08/15.

Durch den Mehrwert hebst du dich als Experte von der Masse ab. Biete dem Leser vor allem mehr an, als ER/SIE erwartet! Mehr an Informationen, mehr an Tipps, mehr an Service.

Was passiert dann? Der Leser denkt sich: WOW! Der/die hat ein wirklich umfangreiches Wissen! Da muss ich folgen! Genau das wollen wir erreichen.

Weitere Möglichkeiten für Mehrwert:

Upselling: Biete passend zu deinem Thema ein höherwertiges Produkt oder eine höherwertige Dienstleistung an. Statt des Schnupperworkshops für 40 € zum Beispiel eine

Coachingstunde zu einem wesentlich höheren Preis, wo der Kunde aber auch viel mehr an Information und Wissen mitnehmen kann.

Oder biete Mehrwert durch **Cross-Selling** -> biete ergänzende Produkte oder Dienstleistungen an.

4. Biete vor allem Lösungen an!

Das bedeutet, dem Kunden eben keine Produkte/Dienstleistungen zu verkaufen, sondern ihm Lösungen plus deine Erfahrungen anzubieten zu (s)einem bestimmten Problem.

So geht Verkaufen heute. Das versteht man unter emotionalem Verkaufen. Das ist gelebte Kundennähe.

Ziel ist, dass der Kunde sich nach dem Kauf glücklich fühlt. Und es auch bleibt.

Merke: Geschäfte werden immer zwischen Menschen gemacht!

5. Verkaufe nachhaltig

Wenn du einem Eskimo einen Kühlschrank verkaufst, ist das kein nachhaltiger Verkauf. Und in meinen Augen auch keine besonders hervorragende Leistung, denn du hast etwas verkauft, das derjenige überhaupt nicht braucht.

Nachhaltig Verkaufen ist, wenn dein Kunde nach ein paar Wochen sagt: "Toll, das hat mich so bereichert, dass ich X gekauft habe!" Dieser Kunde wird dich weiterempfehlen.

Der Eskimo wird eher schlecht über dich sprechen. Er wird keine Empfehlung aussprechen, da er recht bald merkt, dass er über den Tisch gezogen wurde. Du möchtest jedoch Empfehlungen, für dich sind diese überlebenswichtig.

Wusstest du: Gute Erfahrungen erzählen wir 3 Personen, schlechte Erfahrungen 10 Personen? Diesen Satz habe ich im Verkauf schon vor fast 25 Jahren gelernt. Seit WWW und Social Media hat er an unendlicher Relevanz gewonnen, weil sich hier alles hundertfach potenziert.

Storytelling vereinfacht das Verkaufen

Ich habe dieses Buch so begonnen und so oft wie möglich eingebaut: mit Geschichten.

Von Sabine, die mich, frustriert über ihre Texte, um Hilfe bat, über das Flirten und das Tangotanzen bis hin zum Eskimo. Du erinnerst dich?

Genau diesen Effekt wollen wir erzielen! Wir wollen die Aufmerksamkeit, dass sich Menschen an uns erinnern. Geschichten eignen sich hervorragend dazu, denn sie machen deine Texte lebendig und den Leser aufmerksam. Erzähle Geschichten, mit denen sich deine Leser identifizieren können. Dann wecken sie Emotionen, bleiben im Kopf und schaffen Sympathie.

Kunden wollen keine Zahlen, Daten und Fakten lesen.

Sie wollen Geschichten. Liefere sie.

Storytelling aktiviert den Teil unseres Gehirns, der für unsere Gefühle als Käufer verantwortlich ist.

Werde also nicht lauter, um die anderen im Markt zu übertrumpfen, sondern werde persönlicher und emotionaler – mit Geschichten!

Teil 3: Stilistische Aspekte

Es ist nicht ausreichend, wenn wir nur die verkaufspsychologischen Aspekte betrachten. Wir müssen auch unseren Sprachstil, genauer gesagt, unsere (hier schriftliche) Ausdrucksweise optimieren.

Vorab sei gesagt, es gibt nicht DIE Ausdrucksweise. Denn deine Sprache soll ja auch immer dein ganz persönliches Ich ausdrücken. Deine Texte sollen sich von anderen abheben, sie sollen authentisch sein.

Nichtsdestotrotz gibt es ein paar Regeln, die jeder beachten sollte, wenn Texte eine anziehende Wirkung haben sollen.

Die wichtigsten habe ich dir auf den nächsten Seiten zusammengestellt:

7 Tipps für gute Ausdrucksweise (nicht nur) bei Online-Texten

Tipp # 1: Vermeide Blubbertexte

Blubbertexte sind Texte, die künstlich aufgebläht sind und deshalb keine Tiefe besitzen.

Blubber vermeidest du am besten durch konsequentes Streichen, Kürzen und Ersetzen.

Schau Dir dazu die nächsten Tipps an!

KURZINFO

- *Verzichte auf abstrakte und floskelhafte Begriffe.*
- *Streiche, kürze oder ersetze alles, was unnötig ist.*
- *Vermeide Wörter, die auf -ung, -heit und -keit enden.*
- *KISS - Prinzip: Keep It Short and Simple*
- *Lösche alle Füllwörter.*
- *Eliminiere überflüssige Vorsilben.*

Verzichte auf abstrakte, floskelhafte Begriffe!

Achtung bei Texten aller Art: Verzichte INSBESONDERE auf abstrakte, floskelhafte Begriffe!

Schreibe nicht: Ich biete großen Mehrwert - sondern beschreibe konkret und anschaulich, WORIN dieser Mehrwert besteht.

Streiche, kürze oder ersetze alles, was unnötig ist!

Lösche insbesondere Wortblasen wie: Bereich, Maßnahme, Aspekt, Komplex (gegebenenfalls durch genauere Formulierungen ersetzen), vergleichsweise, schätzungsweise, idealerweise, verhältnismäßig

Kürze Wortblasen:

Aufgabenstellung → Aufgabe

Endergebnis → Ergebnis

Fragestellung → Frage

Infragestellung → bezweifeln, an zweifeln

Vermeide Wörter, die auf -ung, -heit und -keit enden.

Die Sachlichkeit solcher Wortschöpfungen mindert die Vollkommenheit deiner Texte in deiner Marketing-Tätigkeit.

Merkst du, wie seltsam unrund und verallgemeinernd das klingt? Alle Wörter mit den unterstrichenen Endungen sind zudem individuell interpretierbar. Vollkommenheit bedeutet für jeden Leser etwas anderes. Mit solchen Wörtern kannst du niemanden auf den Punkt ansprechen.

Verfahre nach dem KISS - Prinzip: Keep It Short and Simple

Allgemein beschreibt dieses Prinzip, wie Du Online-Texte generell gestalten solltest: Einfach und verständlich - weg mit allen unnötigen Infos und selbstverliebten, nichtssagenden Formulierungen!

Lösche alle Füllwörter:

eigentlich – einfach – eher – gar – gewissermaßen – grundsätzlich – regelrecht – relativ – sozusagen – überhaupt – vergleichsweise – wirklich – ziemlich – zweifellos

Sie blähen deinen Text nur unnötig auf.

Eliminiere überflüssige Vorsilben

auswirken	wirken
durchlesen	lesen
einsparen	sparen
abspeichern	speichern
austesten	testen

Ich kann dich verstehen, wenn du Dich jetzt fragst: Ist das nicht zu pingelig? Bedenke: Du hast 5-7 Sekunden Zeit! Der Kunde überlegt nicht. Und er geht einfach. Ohne, dass du es bemerkst.

Tipp #2 Schreibe konkret & anschaulich

Nur dann wird dein Leser sich angesprochen fühlen und weiterlesen.

Substantive:

Verwende statt blasser, ungenauer Oberbegriffe lieber einen konkreten Unterbegriff.

Beispiel:

☹	Vertrauen Sie meiner Kompetenz.
☺	Vertrauen Sie meiner mehr als 5-jährigen Erfahrung.
☺☺	Vertrauen Sie meiner mehr als 5-jährigen Erfahrung als Schreibcoach.

Vermeide in deinen Texten den Nominalstil. Zu viele Nomen machen deine Texte unpersönlich und gehören in den Bereich Beamtendeutsch. Magst du Beamtendeutsch? Siehst du, dein Leser auch nicht.

Verben:

Verwende statt kraftloser Verben ein Verb, das Bilder hervorruft.

☹ Kraftlose Verben: sein, sich befinden, es gibt, haben, machen

Beispiel:

☹ Vor den Eingängen zum Stadion war eine Menschenmenge.

☺ Vor den Eingängen zum Stadion drängte sich eine große Menschenmenge.

☺☺ Vor den Eingängen zum Stadion drängten sich dicht an dicht Trauben von Menschen.

Verben sind gemäß deutscher Grammatik, Tätigkeitswörter bzw. „Tu-Wörter". Sie drücken Handlungen, Vorgänge und Zustände aus. Je mehr Verben du verwendest, umso anschaulicher wird dein Text. Ich halte mich immer noch an den alten Werbespruch: „Verben werben."

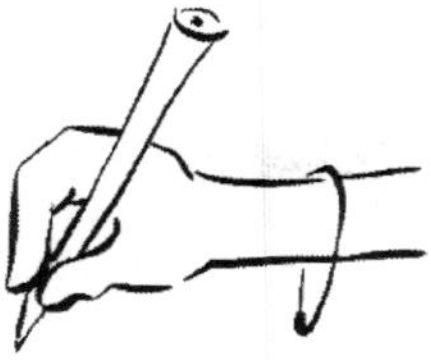

Übung:

Ein Feuer brennt.

Ein Feuer kann auf viele verschiedene Arten brennen. Verschiedene Verben beschreiben das.

Menschen erfassen mit allen 5 Sinnen. Lies dir die folgenden Verben langsam und laut vor:

Welche Bilder entstehen bei den einzelnen Verben?

- Was hörst du jeweils?
- Was riechst du?
- Was schmeckst du?
- Woran wirst du erinnert?

schwelen - glimmen - glühen - knistern - aufflammen - züngeln - flackern - lodern

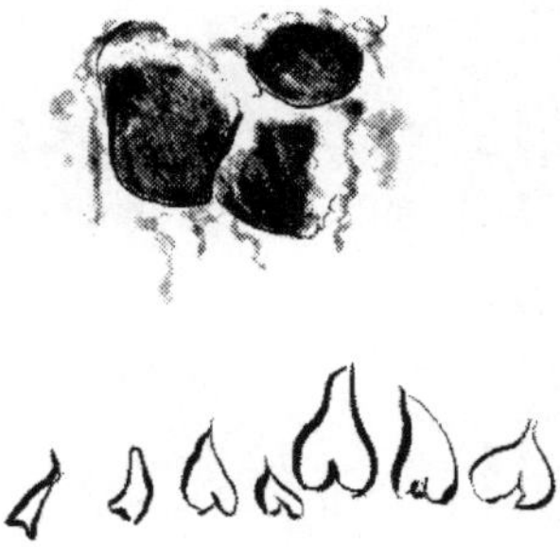

Die nahe Verwandte des Verbs, das **Adverb**, ist in Marketingtexten kein gern gesehener Gast; beziehungsweise mit Vorsicht zu genießen, denn meist verwässern Adverbien nur den Text, weil sie doppeln: „Hast du das gehört?" sagte er leise mit flüsternder Stimme.

Adjektive:

Gewaltige Bilder sind bei den feurigen Verben entstanden. Gleiches gilt auch für die Adjektive.

Um konkret und anschaulich schreiben zu können, verwende möglichst genau beschreibende Adjektive.

Statt: eine große Leistung → eine bewundernswerte Leistung.

oder nenne zusätzliche Details:

Statt: ein gutes Essen → ein ausgezeichnetes, dreigängiges Menü.

Tipp #3: Belege alles, was du schreibst

Kannst du es nicht belegen, schreibe es bitte nicht.

Dein Ziel ist es, Glaubwürdigkeit zu erlangen. Leere Versprechungen schwächen deine Glaubwürdigkeit im Text.

Leere Versprechungen (da ohne Beleg) sind z. B.

- einfach, innovativ, professionell, schnell
- Hier sind Sie genau richtig!
- 10.000 € in 3 Stunden / 10 Neukunden pro Tag

Glaubwürdigkeit gewinnen kannst du zum Beispiel.

- ✓ durch echte belegbare Versprechen
- ✓ durch belegbare Zahlen, Daten, Fakten
- ✓ durch Bewertungen von Kunden.

Tipp # 4: Vermeide Ich-Aufzählungen

Dein Ziel ist, dem Kunden den Nutzen aufzeigen. Du verkaufst nie ein Produkt/ eine Dienstleistung, du verkaufst immer den Kundennutzen. Die Lösungen.

Falsch wäre daher eine reine Auflistung von Methoden und Services ohne ergänzenden Nutzen / ergänzende Lösung.

Folgende Aufzählungen sind nicht nur todlangweilig, sie machen dich vor allem vergleichbar:

- ☹ **Meine Methoden / Services - Aufzählungen**
- ☹ **Ich kann - Ich mache - Ich tue - Aufzählungen**

Angenommen, du suchst einen Hausmeisterservice. Du liest im Internet zehn Anzeigen. Das Angebot ist in etwa gleich: Wir stellen die Tonnen raus, wir mähen den Rasen, wir reparieren defekte Teile, wir sind die Besten.

Du denkst dir: Wenn die sowieso alle das Gleiche anbieten, dann kann ich ja den billigsten Anbieter nehmen. Und schon bist du als Anbieter in einer Abwärtsspirale drin. Der niedrigste Preis bekommt den Zuschlag.

Beschreibst du dagegen den Nutzen eines Hausmeisterservices, bist du nicht mehr vergleichbar: „Genießen Sie es, wenn rund um Ihre Immobilie alles tipptopp in Ordnung ist und Sie sich auch im Urlaub nicht um Pflanzen oder Mülltonnen kümmern müssen.

Betrachten wir ein anderes Beispiel:

Welche Formulierung wird wohl eher den Leser ansprechen?

„Ich biete Websitenerstellung mit WordPress an"

oder

„Ich gestalte Ihre Website mit WordPress so, dass Ihre Besucher sofort den Nutzen Ihrer Dienstleistung erkennen."

Natürlich die 2. Version des Satzes. Formuliere also immer, was der Kunde davon hat.

Vermeide nicht allgemein verständliche Bezeichnungen = spezielle Fachausdrücke. Unverständlichen Fachjargon liest niemand gern.

Tipp # 5: Erstelle Dialoge

Ein Text ist immer ein Dialog, auch wenn du beim Schreiben allein bist!

- Sprich deine Leser immer wieder direkt an. Das involviert sie und lässt sie aufmerksamer werden.
- Erzeuge Aufmerksamkeit.
- Verwende entweder du oder Sie – niemals „man" (neutral).
- Stelle Fragen UND gib die Antworten gleich mit.
- Setze wichtige Informationen und Keywords immer an den Anfang von Überschriften und Absätzen!

Tipp # 6: Rufe Sinneseindrücke hervor

Ziel: Einen Film in den Kopf des Lesers einpflanzen.

Der Worst Case, der dir passieren kann: Du erreichst deine Leser nicht, alles prallt ab, du bekommst kein Feedback.

Wie kannst du das vermeiden? Indem du einen Film, zumindest aber Bilder, in den Kopf deines Lesers einpflanzt.

Das geschieht am einfachsten, wenn du Sinneseindrücke bei deinen Lesern hervorrufst.

Dein Leser muss beginnen, aufgrund deiner Wörter zu sehen, er muss hören, er darf fühlen, er kann riechen und schmecken.

Ein wunderbares Beispiel, wie man seinen Kunden den Mund wässrig machen kann, ist die sog. Speisekartenmethode.

Achte darauf, welche Bilder bei dir entstehen bei den folgenden Speisekartenpunkten:

a) ½ Hähnchen mit Kartoffelsalat

b) ½ gegrilltes Hähnchen mit schwäbischem Kartoffelsalat

c) ½ knusprig gegrilltes Hähnchen mit leckerem Kartoffelsalat wie bei Oma

Bei Variante c) sehen wir förmlich das Hähnchen vor uns; die krosse Haut, so knusprig, dass es „Krraccht", wenn wir hineinbeißen. Und wie das duftet! Und überhaupt: Oma hat immer den besten Kartoffelsalat gemacht. Siehst du deine Oma vor deinem inneren Auge?

Veganer mögen dieses Beispiel bitte in ein für sie passendes umformulieren. So wichtig ist die Zielgruppenansprache!

Tipp # 7: Texte zündende Headlines

Die Überschriften sollen den Leseanreiz steigern und den Kunden neugierig machen.

Zu Beginn meine absolute Empfehlung: Da die Headline DER Lesemagnet schlechthin ist, investiere hier bitte viel Aufwand in die Formulierung.

Und feile sie und feile und feile ...

Menschen kaufen in der Regel auf der Grundlage von Emotionen und rechtfertigen ihre Handlungen im Nachhinein mit Logik.

Was bedeutet: auf der Grundlage von Emotionen? Dies sagt uns, dass eine zündende Überschrift sofort mit unserem Interessenten (Leser) in Verbindung treten und eine emotionale Reaktion auslösen muss.

Das gelingt dir nur, wenn du die Ziele und Wünsche deiner Zielgruppe beziehungsweise deiner Buyer Persona kennst und verstehst.

Du könntest jetzt zurück zu Seite 60 gehen und die Buyer Persona noch einmal komplett durchstudieren. Oder du machst dir jetzt noch einmal bewusst, wer genau deine anzusprechende Person ist.

Dazu musst du zwei Dinge tun:

- Versetze dich in die Lage deines Kunden.

- Erkenne das Problem deines Kunden und löse es.

Du kannst dir folgende Fragen stellen, um die beiden Punkte besser zu verstehen:

- Welche Probleme und Frustrationen hat mein Kunde im Alltag?
- Was sind seine Träume?
- Was sind seine Ziele?
- Was hindert ihn, seine Ziele zu erreichen?
- Wie sieht sein Leben aus, nachdem er dein Produkt gekauft hat?

Sobald du diese Fragen beantwortet hast und besser verstehst, wie dein Kunde tickt, kannst du mit den Überschriften beginnen.

VERWENDE KURZE UND KNACKIGE ÜBERSCHRIFTEN.

DAS WICHTIGSTE MUSS IMMER VORN STEHEN (LINKS).

Die meisten User lesen mit dem Handy und da wird der Text abgeschnitten. Gleiches gilt für die E-Mail-Vorschau.

Daher gilt als allgemeine Empfehlung, Headlines zwischen 50 und 60 Zeichen zu halten.

Hier gibt es wieder große Unterschiede zwischen Offline- und Online-Headlines. Bei Plakaten oder Anzeigen in Zeitschriften ist die treffende Headline alles oder nichts. Sie muss unter allen Umständen zünden, denn weiterführenden Text gibt es eigentlich nicht.

Ganz anders ist es bei Artikeln und im Onlinebereich. Hier sind Headlines Türöffner. Sie sollen auf die folgenden Inhalte neugierig machen. Insofern ist klar, dass die Headline eines Plakates ganz andere Kriterien erfüllen muss als die Headline eines Blogartikels oder einer Landing-Page. Obwohl beide letztendlich verkaufen sollen.

Online kommt es meines Erachtens auf die Originalität an. Deshalb empfehle ich dir nicht, auf die im Netz frei verfügbaren Headline-Vorlagen zurückzugreifen. Deren Werbung klingt zwar praktisch, aber ist alles andere als das angepriesene „super" und „funktions-erwiesen". Mit der Eingabe von ein paar Parametern in vorgefertigte Schablonen wirst du nur geklonte, langweilige Überschriften generieren können.

Ein paar vorgefertigte Beispiele:

- [Beschreibung Problem]? [Anzahl] häufige Ursachen

- Beste Methode, um [Ergebnis zu erreichen]? [Begriff 1] vs. [Begriff 2]

- [Ergebnis erreichen] trotz [häufiger Einwand]? Auf diese [Anzahl] Dinge kommt es wirklich an.

- Experten liegen falsch? Die [Anzahl] größten [Thema] Irrtümer

Ich überlasse es dir, einige Begriffe einzugeben. Einfach austauschbar. Was bemerkst du? Kommen dir die Überschriften nicht auch bekannt vor? Schon x-mal gelesen? Und wo würdest du sie einordnen? Eher Richtung Boulevard-Zeitung, oder?

Zugegeben, die Reichweite hätten wir alle gern. Aber vermutlich nicht das Yellow-Press-Niveau und auch nicht die unbestimmte Zielgruppe.

In meinem Texteralltag muss ich täglich Überschriften „erfinden". Auch mir als Text Profi fällt eine gute Überschrift nicht einfach auf ein Fingerschnippen hin ein.

Ich nehme mir ein leeres DIN A4-Blatt und brainstorme drauflos. Ich schreibe, ohne groß zu überlegen, eine Überschrift nach der anderen runter. Mindestens 10 Minuten lang. Bestimmt 20 Stück. Dann lege ich das Blatt weg und schreibe den Text. Während des Textens kommen mir oft noch neue Ideen. Die füge ich hinzu.

Erst wenn der Text fertig ist, bewerte ich die einzelnen Überschriften und streiche die meisten wieder durch. Das mache ich so lange, bis eben DIE Headline übrigbleibt.

TIPP: SCHREIBE MINDESTENS 20 ÜBERSCHRIFTEN AUF UND WÄHLE DARAUS DIE BESTE FÜR DEINEN LESER UND DEINEN TEXT

Das ist jetzt gar nichts Besonderes, fast alle großen Werbetexter haben so ihre Überschriften generiert. Unter anderem auch der legendäre Werbetexter John Caples[2], der folgende 4 Kriterien für gute Überschriften zusammenfasste:

[2]http://advertisinghall.org/members/member_bio.php?memid=570

- Benefit des Lesers ansprechen (Selbstinteresse).
- Neuigkeiten/nützliche Informationen geben.
- Neugierde wecken.
- Schnelle und einfache Wege suggerieren.

Caples empfiehlt, in seinem Buch „Tested Advertising Methods" in jeder Überschrift mindestens 2 dieser 4 Punkte zu erfüllen. Der wichtigste dieser 4 Punkte sei jedoch das Selbstinteresse des Lesers.

Wir wollen also die Neugier des Lesers wecken. Menschen wollen immer wissen, was es Neues und Spannendes gibt. Und der beste Weg, ihnen zu zeigen, dass du etwas Neues und Aufregendes zu bieten hast, ist, es ihnen geradeheraus schon in der Überschrift mitzuteilen.

Texten ist ein kreativer Prozess. Deshalb schreibe ich immer, wenn mein Gehirn besonders kreativ arbeiten soll, ganz herkömmlich mit Hand und Stift auf ein Blatt Papier (und nicht am PC). So habe ich es in meiner Texter Ausbildung gelernt.

Bewegst du beim Schreiben auf Papier deinen Arm und deine Hand, werden die linke und die rechte Gehirnhälfte gleichzeitig aktiviert. Daher besitzen handgeschriebene

Texte komplexere Satzstrukturen und sind kreativer, denn es entsteht eine ganz andere Verbindung von deiner Hand über dein Herz zu deinem Hirn.

Mit einem Stift - idealerweise ein Füller - bringst du jeden Buchstaben mit minimalen Unterschieden aufs Papier. Hier ein längerer Bogen, da ein kürzerer Strich. Auf der Tastatur tippen deine Finger immer auf die gleiche Oberfläche. Handschriftliches Schreiben ist also auch ein haptisches Erlebnis. Wir fühlen den Stift und das Papier genauso wie die Bewegung unseres Körpers. Über diese individuellen Gesten sind wir stärker mit unserem Geist verbunden als beim Tippen auf ein Display. Warum das so ist, lässt sich wissenschaftlich erklären. Das würde an dieser Stelle jedoch zu weit führen.

Es funktioniert, probiere es doch einfach mal aus. Bei Überschriften, bei denen du besonders kreativ sein solltest, wirkt dies besonders gut. Und wenn du einmal mit dem kreativen Brainstorming angefangen hast und ein paar Minuten dranbleibst, wirst du merken, dass dir immer mehr einfällt. Du gerätst dann in einen Kreativ-Flow.

Online-Überschriften sind Türöffner. Sie sollen für die Inhalte begeistern und die Emotionen wecken, nach denen sich der Leser sehnt.

EINE ZÜNDENDE ÜBERSCHRIFT MUSS UNBEDINGT EINEN BENEFIT ENTHALTEN. AM BESTEN SOGAR ZWEI.

9 Tipps für spannendere Headlines

Ergänzend gebe ich dir noch ein paar Grundlagen-Tipps für spannende Überschriften mit. Natürlich kannst du diese nicht nur für Headlines nutzen, sondern auf alle deine Texte übertragen.

1. W-Überschriften

Diese Überschriften kann auch ein Texter-Anfänger wunderbar bespielen. W-Überschriften beginnen immer mit einem W-Wort. Wenn Menschen online nach einer Lösung suchen, ist dies normalerweise das erste Wort, das sie in die Suchmaschine eingeben.

Zum Beispiel als Antwort auf die Frage „Wie werde ich Gewicht los?" die Headline: ***Wie*** *du Gewicht verlierst*.

Weitere W-Überschriften sind zum Beispiel:

- **Warum** du private Altersvorsorge betreiben solltest.
- **Weil** du ganz nach oben auf die Karriereleiter möchtest.
- **Welche** Marketingbücher du unbedingt gelesen haben solltest.

Zugegebenermaßen ist „Wie du Gewicht verlierst" jetzt keine fulminante Schlagzeile. Gehe daher noch einen Schritt weiter und füge einen Nutzen (**Benefit**) hinzu:

Wie du Gewicht verlierst und dich attraktiv und fit fühlst.

Schon besser.

Gehe noch einen Schritt weiter und füge Besonderheiten hinzu:

Wie du Gewicht verlierst und dich in 3 Monaten attraktiv und fit fühlst.

W-Überschiften haben einen netten Neben-Effekt. Sie regen den Autor gleichzeitig an, gute Texte zu schreiben, denn dem Versprechen in der Überschrift müssen entsprechende

Inhalte, Anleitungen und Erklärungen mit Mehrwert folgen.

Verwende diese Überschriften, um Menschen zu unterrichten, zu erklären und ihnen zu helfen. So baust du Vertrauen zu deiner Zielgruppe auf und beweist, dass du einen Mehrwert zu bieten hast.

Am Ende deines Textes vergiss bitte nicht, deinen Leser zum Kauf aufzufordern. Oder was immer das Ziel deines Textes ist.

2. Wecke Emotionen

In den vorhergehenden Kapiteln hast du gelernt, dass Emotionen in deinen Texten eine tragende Rolle spielen. Nur wenn du den Leser emotional erreichst, kannst du sein Herz erreichen. Wenn du sein Herz dann noch öffnest, öffnest du auch seinen Geldbeutel.

Für Überschriften gilt das noch mehr. Eine Überschrift soll den Leser erreichen, damit er weiterliest. Also wecke seine Emotionen. Das kannst du leicht erreichen, indem du einen Benefit versprichst.

Gefährlicher Bluthochdruck – so schützen Sie sich!

Emotionales Bedürfnis: Sicherheit

Benefit: Gesundheit

Allein über die Feiertage? – So finden Sie den richtigen Partner

Emotionales Bedürfnis: Geliebt werden und lieben.

Benefit: Glück

3. Nenne das Problem + Lösung

Deine Leser lesen Texte, weil sie auf der Suche nach einer passenden Lösung für ihr Problem sind. Du kannst eine Lösung für dieses Problem liefern. Im nachfolgenden Text. Was liegt also näher, als Problem und Lösung in der Headline zu benennen? Fast automatisch hast du den Benefit mit drin.

No Libido im Alter? Wie du mit natürlichen Mitteln dein Sexleben wieder auf Vordermann bringen kannst.

Emotionales Bedürfnis: Selbstwert und Lustgewinn

Benefit: Selbstachtung, Selbstvertrauen, Glück

Zu wenig Kunden – wie Sie mit treffsicheren Verkaufstexten dem Dilemma entkommen

Emotionales Bedürfnis: Erfolg, Anerkennung, finanzielle Sicherheit

Benefit: kann alle Rechnungen bezahlen, Mitarbeiter einstellen, investieren.

4. Gib Tipps & Tricks

Mit meinen leicht umsetzbaren Tipps wird regelmäßiger Content zum Kinderspiel!

Wie du mit meinen einfachen Tipps bares Geld im Haushalt sparst.

17 einfache Tricks, wie du spannende Titel und Überschriften findest.

Menschen mögen es einfach und schnell. Bei Tipps & Tricks bewähren sich daher Adjektive /Adverbien, wie: leicht umsetzbar, kinderleicht, schnell, fix, in kürzester Zeit, in 2 Wochen usw.

5. Berühmte Vorbilder

In 7 Schritten zu einem Body wie Arnold Schwarzenegger

In 10 Schritten zu deinem eigenen Roman wie Fitzek

Achtung! Bitte hier die Machbarkeit beachten, sonst gleiten solche Überschriften schnell ins Unseriöse ab. „In 3 Monaten so reich wie die Geissens", ist einfach unglaubwürdig.

6. Rhetorische Fragen

In diese Beispielüberschrift kannst du endlos beliebige Begriffe für „Arbeit", wie z. B. Gehalt, Leben, Partnerschaft, Körper usw. einsetzen:

Sind Sie in Ihrer [Arbeit] wirklich zufrieden?

Die Lösung kommt dann natürlich im Text.

Ideal ist es, Gefühle über rhetorische Fragen anzusprechen. Eine direkte Ansprache wie „Bist Du ein Versager?" stößt den Leser vermutlich vor den Kopf, statt ihn neugierig zu machen.

Viel besser geht es so:

Haben Sie auch das Gefühl, das war noch nicht alles?

Haben Sie auch das Gefühl, eine große Aufgabe wartet noch auf Sie?

7. Negatives gut verpackt

Wenn du im Gesundheitsbereich tätig bist, musst du häufig über negative Dinge wie Krankheiten oder drohende Folgen schreiben. Aber: Niemand liest gern Negatives oder gar Bedrohliches. Das wirkt auf den Leser eher abstoßend.

In einer schönen Verpackung liest sich Negatives gleich viel besser.

An diesen Anzeichen merken Sie, dass Sie einem Burn-out nahe sind.

Bluthochdruck können Sie leicht vermeiden.

Hier solltest du generell den Weg des → **hin zu (positiv)** statt des weg von (negativ) beschreiten.

8. Wort-Catcher

Unsere Überschriften sollen Neugier erwecken.

Wort-Catcher fangen den Leser ein. Sie halten seinen Blick beim Drüberlesen fest.

Beginne Deine Überschrift mit Worten, die einen Ankündigungscharakter besitzen:

- **Ankündigung**
- **Vorstellung**
- **Endlich**
- **Gerade erschienen**
- **Neu**
- **Jetzt**
- **Datum in der Schlagzeile**

9. Vermeide Killerüberschriften

Zur Definition: Damit meine ich Überschriften, die den Leser vor Langeweile einen langsamen Hirntod sterben lassen. Das sind Überschriften, die nichts aussagen und keinen Nutzen enthalten.

~~Hier sind Sie richtig!~~

~~Herzlich willkommen auf unserer neuen Homepage!~~

Abstrakte Phrasen oder künstliche Wortkreationen verwirren meist nur. Verwirrte Leser lesen nicht.

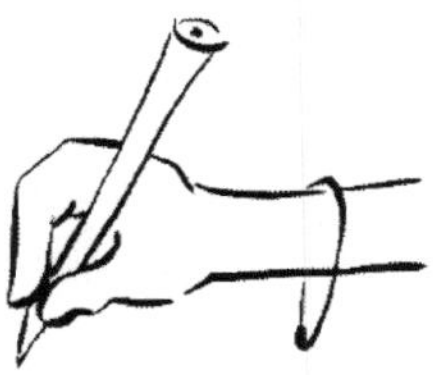

Übung:

Überlege mal: Du hast eine längere Zugfahrt vor dir und gehst daher am Bahnhof in den Zeitschriftenladen.

Du möchtest natürlich nur eine Zeitschrift, die dich auch wirklich interessiert. Woran orientierst du dich?

Teil 4: Bonusmaterial

Kostenlose Tools zur Arbeit mit dem eigenen Text

Für die Arbeit mit deinem eigenen Text:

Durchforste deine Texte nach allgemeinen, blassen Begriffen (Substantive, Verben, Adjektive).

Meine Tipps:

Besser passende Formulierungen finde ich am ehesten

auf **www.synonyme.de** oder

bei **www.woxikon.de**

Hier wird dir eine Liste von Wörtern angezeigt, aus denen du ein passendes aussuchen kannst. Du musst nur darauf achten, dass es sich in den Kontext einfügt.

Um Wortblasen und Füllwörter aufzuspüren:

Letter Factory – die Seite für Hobby Autoren (www.letter-factory.com/elektorat.php)

BlaBlaMeter - wie viel Bullshit steckt in Deinem Text? (www.blablameter.de)

Hier kannst Du Deinen Text auf Füllwörter und Blähwörter prüfen lassen.

Wortliga - Am liebsten arbeite ich mit www.wortliga.de

Du kannst deinen Text einkopieren. Dieser wird unter verschiedensten Gesichtspunkten analysiert. Das Ergebnis kann dir die Augen für persönliche Schwächen öffnen. Diese kannst du dann gezielt beseitigen.

In der kostenlosen Version musst du leider die Werbung ertragen.

✓ CHECKLISTE: Usability für all Deine Texte

1. Übergeordnete Überlegungen

1. Welches Ziel hat dein Beitrag?
2. Hast du dir einen! Präzisen Gedanken zum Thema überlegt?
3. Hast du dir ein Gegenüber ausgedacht, an das du schreibst?

Schreibe deinen Beitrag 1 x komplett runter.

2. Struktur

1. Wie lautet die aussagekräftige Headline deines Beitrages; ggf. die Subline.
2. Passen Headline und Text zusammen?
3. Ist dein Teaser (Einleitung) vorhanden und perfekt formuliert?
4. Was wirfst du über den Zaun?

5. Besitzt dein Beitrag eine saubere Gliederung?
6. Stehen die wichtigsten Informationen am Anfang?
7. Hast du viele Absätze gemacht?

3. Stil

1. Ist dein Ausdruck glasklar und deutlich?
2. Hast du alle abstrakten Begriffe durch klare Formulierungen ersetzt?
3. Hast du Fachchinesisch vermieden?
4. Hast du kurze Sätze und einfache Wörter verwendet?
5. Ist dein Stil aktiv und enthält viele Verben und bildhafte Adjektive?
6. Hast du alle Füllwörter und den Marketing-Blubber entfernt?
7. Versteht den Inhalt/Sachverhalt/deine Aussage ein achtjähriges Kind?
8. Kannst du deinen Beitrag kürzen?
9. Hat dein Beitrag nur 1 Gedanken? Hat jeder Satz nur 1 Gedanken?
10. Hast du dich an die Headline gehalten?

11. Wie rasch kommst du auf den Punkt?

4. Verkauf

1. Hast du in der du/Sie-Form geschrieben?
2. Hast du den Nutzen & Emotional Benefits formuliert?
3. Ist der CTA vorhanden?
4. Bringst du die richtigen Energien rüber?
5. Hast du deine Zielgruppe berücksichtigt?
6. Bietest du Mehrwert statt 08/15?
7. Hast du die WDD- oder AIDA-Formel (oder einen ähnliche) verwendet?

Diese Usability Checkliste kannst du dir über den folgenden Link herunterladen und ausdrucken:

www.andrea-m-rohde-autorin.com/bonus

Motivator

Stelle dein Mindset ein auf: Ich kann das!

Glaub fest daran, dass du das kannst!

Sage dir: Ich tue meinem Leser ja etwas Gutes

Wenn du dir das klar machst, geht Verkaufen fas von allein!

Merke:

Schritt 1: Im Mittelpunkt deiner Texte muss imme der Kunde und der Nutzen deines Produktes stehen!

Die zufriedene Kundin:

Die Kardinalsfrage lautet: Was hat mein Kunde avon?

Ich gehe aber noch einen Schritt weiter!

Schritt 2: Nach dem Nutzen kommt der „Emotional Benefit"!

Die Kardinalfrage lautet jetzt: Wie fühlt sich mei Kunde, wenn er gekauft hat?

Der amerikanische Werbetexter Bob Bly[3] (Robert El wood Bly, 1926-2021) hat sich intensiv mit Motivatore beschäftigt, die Menschen zum Kaufen bewegen. Da sind:

- Gemocht werden
- Geschätzt werden
- recht haben
- Sich wichtig fühlen
- Geld verdienen
- Geld sparen
- Zeit sparen
- Sich die Arbeit erleichtern

---

[3] Aus: Rorig, Daniela, Texten können, 2020, S. 33

- Sicher sein
- Sich gut fühlen
- Bequem sein
- Sich abheben von der Masse
- Glücklich sein
- Spaß haben
- Wissen vergrößern
- Gesund sein
- Neugier befriedigen
- Aus Angst
- Aus Gier
- Aus Schuldgefühlen

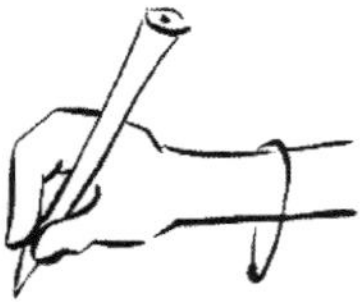

Schluss-Übung:

Baue dir Wortschatzkisten

Schreibe dir je 30 starke

- Nomen,
- Verben und
- Adjektive

aus deinem Businessbereich auf.

Ich bevorzuge dafür Excel-Listen.

Immer, wenn du ein tolles Wort hörst oder liest notierst du es auf die entsprechende Liste.

So wächst dein Wortschatz nicht nur mit der Zeit sondern hilft dir auch, wenn dir mal partout nichts einfallen sollte.

chluss

Du hast es geschafft! Nun hast du mein Büchlein bis um Ende durchgearbeitet und bist fit in den Grundlagen, eine eigenen Marketingtexte richtig zu formulieren.

Sicher ist mein Büchlein nicht vollständig. Dies sollte uch keine Texter Ausbildung werden.

Wenn du dir jetzt sagst: „Ja, dass ich von einer erfahenen Schreib-Mentorin begleitet werde, ist sicher ein ewinnbringender Schritt für mich", dann melde dich ern bei mir.

Wo findest du mich?

https://www.facebook.com/arohdetextemotion/

https://www.text-e-motion.de

https://www.instagram.com/arohde_buchundschreibcoach/

https://www.linkedin.com/in/andrea-rohde/

ENDE

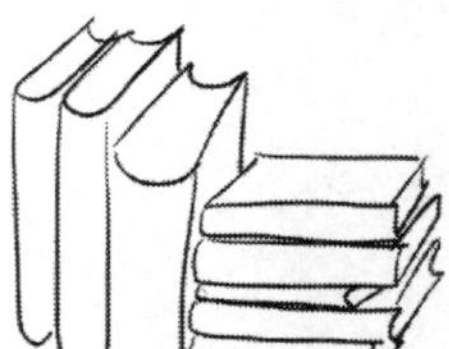

Printed in Poland
by Amazon Fulfillment
Poland Sp. z o.o., Wrocław

27182697R00078